大宋帝國

魏得勝　著

亡國錄

目次

目次

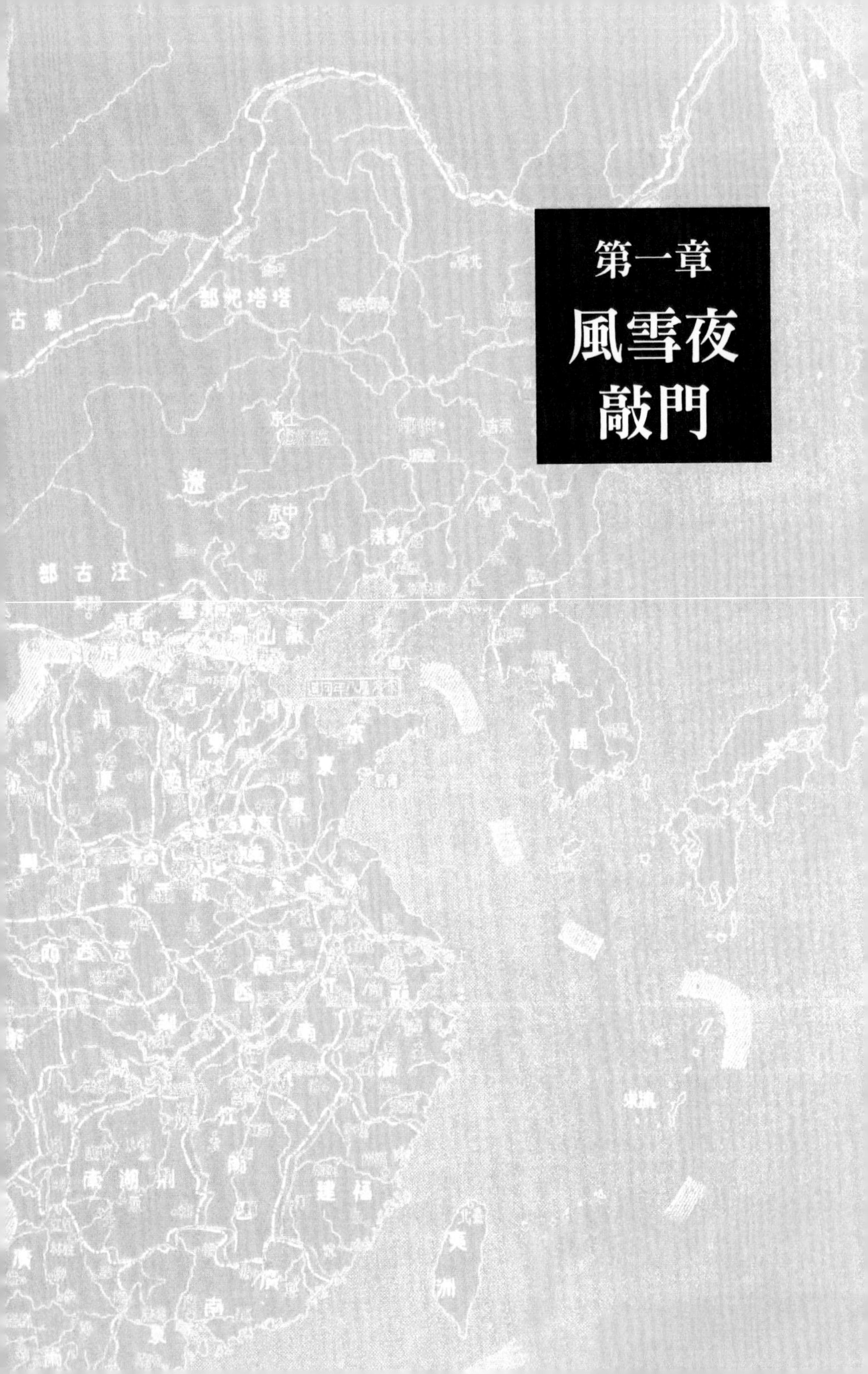

第一章

風雪夜敲門

乞兒吉思部
乃蠻部
西
回
吐
蕃
夏
度
理

過年

開封①那一年的春節，改變了好多人的命運；當然，也改寫了中國的歷史。

一份告急文件，隨著那令人心煩意亂的腳步聲，遞到後周皇室。我們需要簡略知道的是，後周為小分裂時代（與之對應的大分裂時代是魏晉南北朝）的產物。因為整個小分裂時代，也不過五六十年的時間，所以，處在這一歷史時期的後周，也就多不為中國人所熟悉。

中國帝制時期，每一朝代的滅亡，都會伴以分裂格局，或數國並存，或彼此相繼。唐朝滅亡後，在中原地區產生五個前後相繼的帝國，即梁、唐、晉、漢、周。史學家在記述這五個帝國的時候，每每前置一個「後」字，以示區別於曾經有過的朝代。中原地區以外的原唐朝版圖，則分裂為十一個帝國，它們的領導人，其前身為唐朝藩鎮節度使（即司令官，全書均用這一現代名稱代之）。李唐皇權的香火一滅，各藩鎮司令官便占山為王，稱霸一方。我們說，這一意義上的十一國政權，是不具備國家實質的。但歷史上，卻把小分裂時代，籠統地稱之為「五代十一國」。

基於我個人的歷史判斷，那十一國，完全可以忽略不計。而對於五代，我們也只鎖定後周。這年春節，是小皇帝郭宗訓②即位後的第一個春節。這個八歲的孩子，不知道什麼叫做執政，童心告訴他，過年了，就該放鞭炮，就該到戶外打雪仗，滾雪球。很不幸，他不由自主地做了後周皇帝③，從此失去普通孩子的野趣。更不幸的是，就在正月初一，一份來自北方邊境部隊的緊急公文，送進張燈結綵、喜氣洋洋的皇宮內，把郭宗訓稚嫩的心地攪擾得愈加昏暗不明。從侍從臉上，郭宗訓隱約讀出了其中的變數，讀出了其中的刻不容緩。他惟一能做的，就是把那份急件轉交到母親符太后手裏。帝國大政，還須母親垂簾定奪。

八歲的小皇帝哪裏知道，他的母后新寡在身，又無歷練，遇事那也是「載不動許多愁」。此刻，年輕的符太后滿眼無助，她看看年幼的兒子，又看看垂首旁立的侍從，沉吟良久，才憂心忡忡地把那份急件倒回侍從手裏：「這麼大的事，大概也只有范質宰相知道怎麼辦。速速把這份告急文書送到宰相府，一切聽憑范愛卿裁處。」

其時，范質正與家人圍爐共飲，聞報起身，到書房把那份急件看了又看，上面說，割據山西的北漢，會合契丹部隊向後周發動進攻，情況萬分緊急，希望中央政府做出快速反應。范質心想，大過年的，這是怎麼說的？哦，契丹蠻族，沒有年俗，看我中原人過年高興，他氣兒不順；又趁我朝新喪國主，欺負孤兒寡母來了。范質想到這裏，使他倍感責任重大，並於倉促之間，與同朝執政的王溥商量後，派遣殿前都點檢趙匡胤，率部前往抵禦。

趙匡胤的軍職，往小處說，也就是皇帝的侍衛長；往大處說，他相當於今天的衛戍區部隊司令。加之范質又委任趙匡胤以最高軍權，使他得以調動全國兵馬，便於集中軍事力量，對付外敵。這幾乎等於說，帝國的軍權，已十拿九穩在趙匡胤手中了。但後周皇室，沒有人懷疑趙匡胤的忠誠度。這基於一個情理認識，即先帝郭榮對趙匡胤恩重如山。

趙匡胤接到宰相的命令，於次日，也就是九六〇年的正月初二，率部前往北方邊境。蹊蹺的是，當天晚上，趙匡胤的部隊到了開封東北十公里處的陳橋驛站④，便安營

陳橋驛院內的這棵枯槐，據說是趙匡胤當時拴馬的地方。坊間笑談兵變之神速，說趙匡胤拴馬時是將軍，解馬時已是皇帝。果如坊間所傳，那麼這棵千年古槐，算是歷史的見證了。遺憾的是，此樹二十年前已枯死，現今它那中空的腹內，已填滿冷冰冰的水泥，並以其獨特的方式，在歲月的長河裏，苦撐一段漸行漸遠的歷史。

紮寨，不再前行。當天晚上，禦敵總司令趙匡胤多喝了幾杯，便沒事人似地蒙頭大睡去了。不過，天亮之前，卻發生了一件令人難以置信的事，趙匡胤的弟弟趙光義和歸德軍掌書記趙普，與全副武裝的部將，突然湧入趙匡胤的下榻處，個個一副大事在身的樣子。趙匡胤醉眼朦朧，慢騰騰地起床下地，坐到椅子上。一切停當，室內鴉雀無聲，但見軍官羅彥環說道：「諸軍無主，我等願擁司令為天子。」這話何其矛盾，趙匡胤身為禦敵總司令，怎麼能說「諸軍無主」呢？

我們再來看看趙匡胤的反應，他聽了羅彥環的話後，嚇傻了似地，嘴裏含糊不清地嘟念著：「這話從哪兒說起？何以使得，何以使得。」聲音之微弱，幾乎難以讓人聽清他在說什麼。趙匡胤一邊自言自語，一邊想站起來，似乎想做個反對的動作；或至少想表個態，說：「這大逆不道的事，這欺負孤兒寡母的事，這違背天理的事，這斷子絕孫的事，咱姓趙的不幹！」然而，不知是他的心態猶豫不決，還是背後有隻巨手把他給按住了，總之，他的屁股沒有一點懸離椅子的意思。隨即，一幫軍中鐵哥們，把早已準備好的黃龍袍往他身上一披，眾將官在趙普、趙光義的引領下，齊刷刷地跪下，不容分說，就是一片山呼萬歲的聲浪。屋簷下那成串的冰溜子，被震得節節碎裂，然後落在堅硬如石的凍土上，於寒冷的夜幕中發出刺耳的響聲。一個嶄新的皇帝，就這麼偷雞摸狗般地出爐了。怪不得趙匡胤的屁股那麼沉、那麼重，怪不得他屁股底下的椅子有那麼大的吸引力，原來是有皇帝可做呀。

接下來我們就要問，那向南移動的契丹部隊怎麼辦？別呆了，那根本就是一個無恥的謊言。而趙匡胤在這場軍事政變中所扮演的，正是總後臺、總策劃、總導演、總實施這麼一個角色。他的表面裝傻，或正史所載的「事先不知」，實在不過是偏愛所致的美化罷了。

不管怎麼說，三十三歲的趙匡胤搖身一變，從皇帝的侍衛長，一下子就至尊天下了。當他帶著大隊人馬返回首都開封的時候，所有蒙在鼓裏的人都驚呆了。皇宮裏擁著一個皇帝，返回的軍隊也擁著一個皇帝，天無二日，國無二主，趙匡胤反了！然而，面對這殘酷的現實，人人都明白一個道理，那就是：槍桿子裏面出政權。這就是專制的特點，誰擁有了軍權，誰就擁有了槍桿子；誰擁有了槍桿子，誰就擁有了政權；誰擁有了政權，誰就擁有了生殺大權；誰擁有了生殺大權，誰就成了惡魔；誰成了惡魔，手無寸鐵的人們就向誰屈服，進而轉化為官方文本的人民對惡魔的擁戴。趙匡胤之所以敢反，那說明他有了反的資本。因此，溫良敦厚的開封市民，以沉默的方式，表達了他們一貫的政治態度——管他誰君誰臣，誰主中原，老百姓永遠是受統治集團役使的對象。首都市民如此，這之外的百姓更是渾天度日，過一天是一天。國在，他們是有國奴；國滅，他們是亡國奴。既如此，哪幫惡魔臨朝為政還不一個樣？

所以說，趙匡胤發動軍事政變，不必在乎開封市民的感受。他只要安撫好了後周皇室，安撫好了朝中政客，一切也就都不在話下了。因而我們看到，趙匡胤在返回開封之前，曾做過一次精心準備的動員，但看上去又像是一個臨時議題，他語重心長地對將軍們說：「你等既然擁立我為天子，是不是就該令行禁止？」剛剛騎上馬的將軍們聞言，又紛紛下馬宣誓：「我等惟命是從。」得到將軍們的保證，趙匡胤才開始正式訓示，他說：「太后和皇上，待我等不薄；朝中大臣也都是我等的同事，彼此無仇無怨……總而言之，上面提到的這些人，以及朝廷府庫、士庶之家，我們的軍隊，都不得驚犯與侵掠。違令者斬，尊令者賞。」

趙匡胤的訓令，在軍隊中被迅速傳達。當他們回到開封時，留守的殿前指揮使石守信，以及王審琦等人裏應外合，大開城門。反叛的軍隊，滴血未流，即順利入城。當時正值早朝，范質聞訊，驚恐萬狀地一把抓住王溥的手說：「倉促遣將，吾輩之罪也！」因為用力過度，把王溥的手掐出幾枚血指印。王溥也是膽戰心驚，一言不發。范質與王溥反應未及，趙匡胤已在將士們的簇擁下，來到他們的面前。不等對方質問，趙匡胤搶先一步，涕淚交加地做起了自我批評：「世宗⑤待我恩義深重，而我卻被將士們逼成這個樣子，我趙匡胤上違天，下負地，以至於此！你們說怎麼辦吧？」趙匡胤也算是絕頂聰明，他把裝滿炸藥的球，一腳踢給了范質等人。那一點即炸的球，引線卻牢牢捏在趙匡胤的手裏。這當下，范質等只有目瞪口呆的份兒。

趙匡胤離京時，是一身戎裝；晃眼歸來，卻已是黃袍加身。那陳橋小鎮，猶如一個巨大的魔瓶，投進一位將軍，出來一位皇帝。范質等大臣面對這魔術般的戲法，愣怔不止。未及相責，趙匡胤先來了個罪己狀，弄得大家面面相覷，不知如何上前搭話。稱趙匡胤的舊銜，叫他太尉，已有不妥；叫他皇帝，又太突兀。尷尬之際，趙匡胤的隨從校官羅彥環，直眉怒目：「我輩無主，今日須新立天子。」他把寒光閃閃的寶劍抽出半截，厲聲喝斥：「不同意的請舉手！」隨即，他猛的一下，把那半截寶劍往劍鞘裏一送，劍入鞘的淩厲聲，把幾位大臣嚇得心驚肉跳。就在這時，文臣陶谷當即於袖中拿出早已擬好的禪位詔書，交給范質等大臣。大家一看，方知後周江山，早已暗中變色。再看看趙匡胤身邊那些殺氣騰騰的軍人，范質等只好面趙稱臣，戰戰兢兢地參拜新主。

小皇帝郭宗訓懂啥？在趙匡胤面前，他惟一的表情，就是呆若木雞。就是皇室成員，也人人自危，惟願趙匡胤這位新主兒寬宏大量，給他們一條生路。這也不用他們擔心，趙匡胤原本就沒有殺生之意。推動不流血政變，是趙匡胤的基本政治理念。他後來的杯酒釋兵權，以及立誓不殺文臣的遺詔等等，都是這一政治理念的延續和體現。

但我們要說，專制史上沒有光彩的政權，它們不是來自暴力革命，就是來自齷齪的政治博弈。單就一千多年前的趙匡胤而言，他的皇權獲於一場不流血政變，我們雖然不能為他的叛徒行徑叫好，似乎也沒有太多瑕疵可供我們指摘。要知道，人類到了二十世紀，還有很多政權，竟然是靠流血得來的。相比之下，趙匡胤的不流血政變，當然算是好的了。

不過，假如讓我們的視野稍稍放寬一些去看問題，就會發現，趙匡胤的不流血政變，與備受學界推崇的一六八八年的英國不流血政變相比，又成了壞的。英國不流血政變，帶來的終極結果是造成一個現代民主政體，並對世界主流政體產生深遠影響。因此說，英國不流血政變之風，堪稱人類運動史上最具人性光芒的一縷和風。而趙匡胤的不流血政變，帶來的終極結果是造成專制政體的升級換代，並對後世中國主流政體，形成難以逆轉的影響。這註定了趙匡胤一族的政變，無論採取哪種方式，對中國的影響都將是消極而懈怠的。

回到原題，我們必須和後周這個短暫帝國說再見了。與此同時，宋帝國以其獨有的姿態，向歷史走來。我想，這才是我們要認真對待和詳加觀察的。

①在中國古代史上，河南開封有大梁、汴梁、汴京、東京等稱謂。為便於敘述，本書統一為今稱，即開封是也。

②歷史學家通常把建都開封的五代政權，視之為中國正統，他們在敘述這五個前後相繼的帝國及其皇帝時，有時直接將其書寫為中國或中國皇帝。也就是說，五代各國雖然沒有統一中國，卻可以在一些史學家筆下堂而皇之地代表中國。想來，這也沒有多大可供討論的意趣。做此說明，也無非告訴讀者，後周即中國（之前的其他四國亦然），後周皇帝亦即中國皇帝，兩者之間不存在混淆問題，站在哪個角度敘述都行。

③我們用「小兒沒娘，說來話長」這句俚語，來形容郭宗訓再合適不過了。㈠後周皇帝郭威無後，他去世後，其養子柴榮即位。史學家在敘述到柴榮、柴宗訓父子時，也常常把他們叫做郭榮、郭宗訓。本書在寫到這對父子時，就以郭姓冠之。㈡九五五年，符皇后病危，臨終前懇求郭榮接收二妹為妃，代替她把年幼的皇兒郭宗訓撫養成人。郭榮恩准，並冊封符二妹為貴妃。不日，年僅二十六歲的符皇后病逝。九五九年五月，病中的郭榮晉封符貴妃為皇后。六月，郭榮去世，七歲的郭宗訓即位。這就是說，歷史視野裏的符太后，只是郭宗訓的親姨。㈢九六〇年陳橋兵變之後，郭宗訓被遷往河北房州，於九七三年逝世，終年二十歲。

④後周時，陳橋是通往大名府的小驛站，位於黃河南岸，時距開封市十公里。後因黃河改道，陳橋現位於黃河北岸，距開封市四十多公里。

⑤世宗，即郭榮廟號。

踏雪訪普

《金瓶梅》第七十一回中寫到，西門慶奉旨進京謝恩（他走蔡京路線，由清河縣提刑所副官，擢升為一把手，後文提到的何太監之侄，補他的副官一缺），何太監為侄子的事，在家宴請西門慶。酒席之間，何太監命家中樂器班，演了一齣《雪夜訪趙普》，以助酒興。

《雪夜訪趙普》的故事背景，發生在趙匡胤時代，中間隔了六任皇帝，到趙佶一朝，宮中太監，就敢在家裏，以開國皇帝的真跡為藍本，娛樂其中。這至少說明，當朝的《雪夜訪趙普》，是正面而積極的，用今天的話說，就是主旋律的。明末清初著名說書人柳敬亭，在他的鼓詞中，有一句叫做「龍王請俺宮中宴」——龍王請飯之所以值得一提，那是因為以上敬下，當然要大書特書。趙匡胤禮賢下士，在工作之餘，跑到臣下家裏喝酒吃肉，自然是要勝於「龍王請俺宮中宴」的。《雪夜訪趙普》得以盛傳，其原因恐怕也正在於此。

但在今天看來，因為我們擁有了更多的資訊，趙匡胤踏雪訪趙普的故事，也就多了些負面的東西，我們也可以稱之為歷史真相。那麼，真相意義上的趙匡胤雪夜訪趙普，又是怎麼回事呢？話還得從趙匡胤的黃袍加身說起。

趙匡胤因緣際會，一夜之間做了皇帝。雖說那是五代的政治常情，但在趙匡胤來說，他卻格外忌諱和敏感。理由很簡單，趙匡胤可以奪他主子的江山，反過來，他的部下為什麼不可以奪他的江山？自唐朝末年至五代，軍人政變就像家常便飯一樣，頻發於中國政壇，以致參與其中的人，大都產生道德抗體，進而缺失應有的忤逆感與廉恥心。況且，趙匡胤發動軍事政變的整個過程，他的那幫鐵哥們都是親歷者。不客氣地說，他們對於黃袍加身，那也是輕車熟路呀。趙匡胤當然知道這一歷史教訓，也深知這一惡劣的政治傳統，對於他的江山意味著什麼。因此，他決定動用一切智慧和力量，給習以為常的軍人政變畫上一個休止符。也只有這樣，趙宋江山才能千秋萬代，生生不息。

千秋萬代，生生不息是什麼意思？就是專制集團在各種政治場合所空喊的這萬歲，那萬歲。這一瘺三式的政治情節，自嬴政始，就把中國人牢牢地捆綁在單一的政治體制之下。單一政體即獨裁專制，獨裁專制即恐怖政治——人民就怕這個，你一害怕，統治者哪怕是一群豬玀，也能夠輕而易舉地領導一個國家。推而及之，專制國度裏的政客根本就無須政治智慧。因此，他們才無一例外地患上了「千秋萬代、生生不息」的愚蠢政治妄想症。我們也可以將這一政治疾患，稱之為愚妄症。

愚妄症患者趙匡胤，是如何給政變踩剎車呢？那當然要從防變開始，這已然成為帝國政治的核心工作。那麼趙匡胤的微服私訪，也就儼然成為政治生活的常態了。說是微服私訪，實際上安全人員對皇帝的行程，早已瞭如指掌，只不過大家都偷偷摸摸地予以警戒罷了。一個皇帝，為暗防群情是否向背，偷偷摸摸（微服是也）而出；安全人員為防意外，偷偷摸摸警戒。上下其手，賊頭賊腦，此情此景，何其不堪也。趙匡胤作為宋之太祖，以此身段為政治遺產，留予他的後人，是以創下全宋三百二十年苟且偷安的歷史命題。一個「偷」字，貫串全宋的政治生活，這在中國歷史上，也算是絕無僅有了。

由於趙匡胤是偷偷出宮，悄悄入戶，以致弄得大臣們在下班之後，情緒上往往比上班時還緊張。為臣者上班之時，皇帝很少巡視查訪，那顆心尚可一安；下班回到家後，那顆心反倒懸離起來，沒著沒落。你不知道皇帝什麼時候來，什麼時候不來，一切都處於不定時的狀態。不要說一般大臣，就是一人之下萬人之上的宰相趙普，都無法確知趙匡胤的行蹤。所以，趙普下班回家後，從不敢脫掉朝服（即官服），以免趙匡胤從天而降，他穿著家居服無法向皇帝行國禮。

這是九六〇年冬天的一個晚上，室外大雪紛飛，趙普的心情輕鬆而愉悅。這多少有些像契訶夫、臧克家等人對雨天的情有獨鍾，因為只有惡劣的天氣，才無人上門打擾，進而獨享安逸。則趙普看來，如此惡劣的雪夜，皇帝是不會再來了，於是脫掉朝服，穿上舒適的便裝，在家裏痛痛快快地放鬆了一把。只有這個時候、這種狀態下，趙普才隱隱感到，家是他的家，而不再是辦公室的延伸；心是他的心，而不再從屬皇帝。我們說，這實在不過是趙普的一廂情願罷了，趙匡胤可不這麼想，他認為愈是風雪迎道、雨水濘路，大臣就愈發靠不住，他們會藉惡劣的天氣相互串訪，進而結黨營私，篡班奪權。這經驗就來自他自身，陳橋兵變之前，他與石守信等軍中鐵哥們，就是這麼一路走來的，結果不費吹灰之力，便黃袍加身了。趙匡胤是靠地下結黨而走向權力巔峰的，他怎麼可以容忍手下的文武大臣，來複製他的成功之路呢？安排自身以外的任何人監視大臣，都靠不住。惟一靠得住的就是自己，他必須不辭辛苦地奔波於各大臣家，防變大計似乎也就能夠事半功倍。

當趙普正在屋裏自我放鬆的時候，他府上的大門被叩響了。令他意想不到的是，外面的狂風暴雪，並沒有阻擋住趙匡胤堅定的腳步，他還是來了，依舊是突然而至。趙普無奈，但他沒有立即出來拜見，而是把趙匡胤冷落在書房，自己則到內室更衣去了，趙匡胤也只能耐心等待。趙普雖然不甚讀書，但這並不妨礙他做一個虔誠的儒教徒，凡事中規中矩，不越雷池半步。一次，趙普去拜見趙匡胤，他見皇帝在家裏穿著便服，便躲到門後，中止拜謁。問何以如此，他說皇帝連朝服都沒有穿，做大臣的怎麼好行國禮。沒有辦法，趙匡胤只得換上朝服，趙普這才登堂入室，近前行禮。眼下的情形，是皇帝等大臣，不過趙普在僕從的精心伺候下，很快盛裝而出。行過君臣禮之後，依照慣例，一桌豐盛的酒宴即刻準備停當。沒過多久，趙匡胤的弟弟趙光義也如約而至。三人開始圍爐炙肉，趙普的妻子則一旁為他們斟酒。

閒聊之間，趙普試探性地問道：「外面下著大雪，又黑燈瞎火的，陛下為何還要出來走動呢？」趙匡胤道：「不瞞你說，睡不著啊！現如今除了我自己睡覺的一席之地外，其餘都是別人的地盤。雪夜來訪，就是找你解悶來的。」趙普笑道：「陛下以為自己的天下還小嗎？倘然，說不定現在正是南征北戰的大好時機，不知陛下有什麼打算？」趙匡胤揀了一塊烤肉放入口中，他一邊吃，一邊說：「我想滅北漢①，收太原，你看如何？」趙普沉默了一下說：「這我還真沒有想到。」趙匡胤說：「有話你就直說，不必顧慮重重。」趙普說：「北漢乃我與契丹帝國的緩衝地帶，一旦攻下它，則我與契丹直接面對面。依我之見，倒不如先掃平南方割據政權②，然後再揮師北伐。北漢小小一個彈丸之地，到時還不是手到擒來的事？」趙匡胤開懷大笑：「咱們君臣想到一塊去了。來來來，乾一杯，預祝我朝的安邦大計，馬到成功。」宋帝國先南後北，統一全國的戰略，就在爐邊達成共識。趙匡胤防變的同時，順便把國家大事也一塊定奪了，這倒不失為一箭雙雕的好棋。

然而，趙匡胤的另一次雪夜訪趙普，彼此就沒有這麼輕鬆了。這天晚上，照舊是大雪紛飛，趙匡胤一踏進趙普的家，正趕上吳越王錢俶派人送海味給趙普。禮物就裝在一個瓶子裏，尚未開啟。趙匡胤盯著禮物，狐疑不絕。趙普為了避嫌，主動打開瓶子給趙匡胤看，以驗證裏面裝的確為海味。然而，瓶子一打開，連他自己都嚇傻了，裏面滿是瓜子形狀的金塊。趙普一臉驚悸，謝罪不迭：「皇上恕罪，為臣實不知這其中的詭術。不過，臣甘願領罪。」趙匡胤陰陽怪氣地說：「你放心收下好了，這些送禮的人，以為國家大事，都由你們書生做主罷了。」說完，在趙普院內的雪地上，留下一串深深的腳印後，悻悻而去。這一次，趙普嚐足了皇帝雪夜相訪的苦頭，從此愈加謹小慎微；趙匡胤則由此嚐到雪夜私訪的甜頭，他造訪大臣家的頻率更加密集了。

在趙匡胤所有雪夜訪趙普的故事中，最著名的當然要算下面這件事：趙普暗示趙匡胤，說他的結拜兄弟（包括趙匡胤在內，共十人），也就是趙匡胤最為親信的高級將領石守信等，具有顛覆中央政權的危險性。聽了此話，趙匡胤並沒有立即做出反應，他想了想之後，才底氣不足地反駁道：「我待他們恩重如山，怎麼會有問題呢？」趙普提醒說：「後周皇帝郭榮待你也恩重如山，你怎麼會有了問題？而且我的意思不是說他們會主動叛變，萬一部下貪圖富貴，也把黃龍袍披到他們身上，他們縱然想不叛變也不可能。」

趙普此言一出，即刻挑動起趙匡胤那根敏感的神經。他暗暗思忖：「我一天到晚，幾乎是馬不停蹄地突訪文武大臣家，不都是為了防變嗎？可哪天是個頭？萬一哪一天我跑不動了，政變不照樣會發生嗎？看來，突訪大臣家的防變法，只是權宜之計，而非長久之策。怎麼辦呢？」趙匡胤依舊得到趙普的暗示，解除將軍們的軍權，防變或可一勞永逸。

九六一年，也就是陳橋兵變的第二年，趙匡胤決定解除將軍們的軍權。這天晚上，趙匡胤宴請石守信等最親密的一批將領，酒興正濃之際，趙匡胤歎息說：「如果不靠各位的推戴，我趙匡胤不會有今天。但當皇帝也實在是太難，並沒有當司令官來得快樂。你們看看我，每天都憂心忡忡，食不甘味，夜不能寐，這都圖個啥？」將軍們不解，問其緣故，趙匡胤說：「事情很明顯，皇帝這把椅子，誰不想坐呀？」聽聞此言，大家為之震駭，進而勸慰說：「陛下怎麼說這樣的話，現在天命已定，誰還敢懷有這種非份之想。」趙匡胤說：「你們當然不會，可是一旦你們被部下擁戴，你們怎麼有拒絕的力量呢？」將軍們這才忽然發覺殺機四伏，不由魂飛天外，請求昔日的結拜兄弟、今日的皇帝指示一條生路。

趙匡胤察言觀色，看到舉座之臉皆為土色，他把語氣一轉，寬慰道：「人生苦短，轉瞬即逝。大家拚命上進，目的是什麼?還不是為了升官發財，追求富貴。目的達到後，不但自己可以享樂，就是兒孫輩也可以廣受澤被。依我之見，各位不妨辭去軍職，選擇富庶地區，去做個逍遙自在的地方官。你們買多大的地，蓋多大的別墅，以及要多少人服侍，組建多少人的家庭戲班，各位列個清單來，所有花費，全部由國家承擔。同時，我還要跟你們約定，將世代通婚③。從此，咱們君臣之間，兩不猜忌，上下相安。我思來想去，也只有這個法子，才能保咱們君臣世世代代，富貴不絕。各位以為如何？」

什麼以為如何？能保住老命就不錯了。酒宴之上，將軍們就紛紛上奏稱病，請求解除軍職。趙匡胤滴血未流，當了皇帝；現在同樣滴血未流，解除了將軍們的軍權。這也實在是一個歷史奇蹟。

①盤踞山西一隅的北漢小國，仰契丹鼻息而苟延殘喘。

②即中原地區以外的那十一國。

③趙匡胤的通婚說，有許多強人所難之處。他解除了鐵哥們的兵權後，仍不放心，就來了個拉郎配，與鐵哥們結成親家，等於為自己的皇權，多加了一層防變保險。比如趙匡胤欲將一個女兒嫁給忠正司令官王忠奇的兒子王承衍，可王承衍並不買賬，說自己已有妻室，不能再婚。趙匡胤聽了很不耐煩，他生氣地說，那就離婚，讓你媳婦改嫁好了。皇帝當然是說一不二的人，日後，趙匡胤出厚資，將王承衍之妻樂氏改嫁，公主得以與王承衍完婚。「皇帝女兒不愁嫁」這句話，用在這裏頗為合適。另外一層，趙匡胤須有足夠多的女兒才行。但似乎遠遠不夠，他只有六個女兒，還夭折了三個。那麼多的將軍子弟，怎麼配得過來。好在趙匡胤的弟弟趙光義還有七個女兒，除一個早逝、兩個出家外，均可進行政治婚配。

權力的迷魂陣

私訪大臣和杯酒釋兵權，並未完全解除趙匡胤的戒心。接下來他還有一系列制度性的動作，那就是改組政府和再造軍制。所謂改組政府，是指把後周政制，改為唐朝模式，即一個政府，兩套班子。沿襲之下，宋政府裏的兩個行政部門，無論官稱和職務，幾乎完全相同。因其重疊，只好用左右加以區分。如中書省有個右散騎常侍（高級顧問，三品官員），門下省就有個左散騎常侍；中書省有個右諫議大夫（高級諫官，四品官員），門下省就有個左諫議大夫……以此類推，一左一右，目的使他們相互牽制，進而造成內部的分裂狀態。部屬之間彼此不和，他們拉幫結夥的機率大大降低，那麼政變的機率也就大大降低。

宋帝國的宰相也往往是有名無實。理論上，宰相統攝全局；實際上，他無權過問軍事或財政上的事。這一設置，就在於預防政治領袖跟軍事或財政領袖結合，以免三者過往甚密，架空皇帝。不但如此，政府各部首長，跟他所主持的單位也完全不發生關聯。我們用現代機構打個比方，以教育部為例，它的部長並不能過問教育部的事，而由商業部副部長兼任教育部副部長，此一兼任的副部長，再代理教育部部長，才是真正的教育部部長。如此纏繞，如此虛幻的權力迷魂陣，使我們無法想像，中國史上這一最複雜、最混亂、最龐大、最無聊、最讓人難以捉摸的組織體系是如何運轉的。

中央官制是如此混亂不堪，其實地方政府的情況也完全相同，各州不設正式州長，所有州長都是臨時性的，他們的本職都在中央，州長不過暫時兼任或暫時代理。即令他不是中央官員，有時也故意加上中央官員的頭銜，表示地方職務只是暫兼暫代，隨時都會被調走。九九九年，王禹偁被貶為黃州刺史。在任上，他作〈黃岡竹樓記〉，散文末尾他寫到：「四年之間，奔走不暇，未知明年又在何處！」也就是說，王禹偁為官四年，調動了四個地方。這就是宋政府的組織原則，在人事安排上，絕不讓一個官員在一個地方待太久，以免讓其形成勢力，跟中央叫板。不同角度、不同層面的防變，永遠是趙宋帝國壓倒一切的政治目標。

政府如此，軍隊亦然。樞密院即現代的國防部，它的首長限定由文職人員擔任，就連戰術單位的部隊首長，也改由文職人員擔任。遇到戰爭，即由中央臨時委派一位文職人員擔任統帥（這一角色甚至可以由宦官擔任，卻很少由將領擔任），率領出征。而負責實際作戰的將領，也出於臨時委派，他們雖然是職業軍人，但對所統率的部眾，卻一無所知。戰爭結束後，統帥交出軍權，將領則調往別的單位，士兵返回營區。這也不放心，還要定期調防，以免將軍與官兵混熟，出現兵變。總之，宋帝國的治軍思路，就是想方設法使部隊失去凝聚力與戰鬥力，目的只有一個，杜絕陳橋兵變的重演。

在趙宋政權的不懈努力下，全國的官員無不墮落為貪吃貪喝的豬玀，皇帝仍不放心，另養一班御史，專門糾察官員平時有無過失、有無拉幫結夥、有無顛覆性言論等等。為此，趙宋皇帝允許御史聞風彈劾，即見風是雨地彈劾官員。更甚者，御史一百天內，如無彈劾案例，即視為失職，要麼停職，要麼罰款。以致逼得御史連御膳中發現一根短髮這樣的小事，都拿出來彈劾，荒謬不可言表。

如若追問趙匡胤一族的系列政治小動作成就了什麼，那麼我要說，其最大的收穫就在於，它徹底解決了自唐朝末年以來的不斷兵變，以及由此帶來的不斷改朝換代的禍根。問題是，任何事物都逃不過一個規律，即有一利必有一弊。趙匡胤的防變，堪稱帝國政治的典範。但我們不要忘了，他的政治正確，卻不可避免地把帝國導向另一個極端，即軍事上的弱宋。這個萬劫不復的深淵，讓宋帝國連死兩回，而且死得相當悲慘和難看（參見第六章）。從這一意義上說，宋帝國為趙匡胤的政治正確，付出了沉重的代價。此乃後話，按下不表。

防不勝防

上兩節，我們談了趙匡胤防變的種種舉措。了不起的是，趙匡胤最終實現了他的既定目標。帝國高層失去了兵變之源，趙匡胤也就沒有了後顧之憂。隨之，他便開始著手一個新的戰略目標，即統一中國。

在本章第一節我們就提到過，唐朝滅亡後，中國進入一個短暫的分裂時期，北部的中原地區出現五個前後相繼的帝國，南部地區則分裂為十一國。中原已無慮，平定南方也就成了水到渠成的事。這一目標，趙匡胤也基本實現了。九六三年，滅南平王國；九六五年，滅後蜀帝國；九七一年，滅南漢帝國；九七五年，滅南唐帝國。南方這四個從前的藩鎮獨立後，尚可勉強稱之為國，餘皆烏合之眾，他們看看大勢已去，便紛紛降宋。所以說，南方四國的滅亡，象徵著中國的統一大業，在趙匡胤一朝，進入尾聲。

九七六年，五十歲的趙匡胤躊躇滿志，他計劃揮師北伐，以期把十多年前君臣在爐邊所達成的共識變成現實，即滅掉由契丹人支持的北漢（後周滅後漢時，漏掉了它的司令官劉崇，使之在太原建立起一個長達三十三年之久的邊緣政權）。然而，就在這一年的十月二十日，宋帝國政權卻發生了巨大逆轉。當晚，趙匡胤與弟弟趙光義一起喝酒，不知是怎樣的私密話題，使這哥兒倆支走了身邊的所有侍從人員。尤為不可理解的是，當屋內發出異樣的響聲時，外面的太監和宮女，竟然沒有一個人進去侍駕。及至天亮，一個震驚朝野的消息，在人們毫無心理準備的情況下，突然被拋向桌面：趙匡胤死了。

這是一個完全不可接受的事實。趙匡胤年輕時，使槍弄棒，習武健身，打下一個好底子。眼下正值壯年，平日又無龍體欠安的徵兆，今天怎麼說死就死了呢？相信，這是絕大多數人的疑問。誰都想揭開這個謎底，但誰都沒有這個膽量。那是因為，答案只在一個人的手裏，這個人就是趙光義。因為他備受趙匡胤的寵信，也就成為宋帝國公認的二號人物。趙匡胤私訪大臣，通常會帶上趙光義。這兄弟二人，一帝一王，親密無間。這就向外界傳遞出一個強烈的信號：趙宋江山，不可撼動。說來說去，這還是趙匡胤防變的一個策略。至於這哥兒倆內心如何，只有他們自己知道。這其中的一個，如今已亡，他們的真實關係，只剩下一個知情者，這個人就是趙光義。

這就是說，所有謎底都在帝國二號人物手裏。趙匡胤一死，三十六歲的趙光義就成了事實上的一號人物，這個位置上的人，意味著握有生殺大權。所以我們才得以看到這樣一個不可思議的現象：突聞趙匡胤駕崩，皇室成員及其他臣僚，在他們驚訝的大嘴巴尚未完全合攏之前，就已經臣服在趙光義的腳下。這其中包括趙匡胤的第三任妻子宋氏，她連半句埋怨的話都不敢有，就更別說要什麼事實真相了。在極權面前，被害人家屬是不配追問任何真相的。這位新寡在身、年僅二十四歲的婦人，惟一要做的就是乞求，她哭著對趙光義說：「我母子之命，皆託於官家①。」趙光義的回答簡潔而有趣，他哭著對皇嫂說：「共保富貴，勿憂也！」

上面這段只有十七個字的叔嫂對話，彷彿向世人昭示著一個公開的秘密，嫂子的話裏所暗含的意思是：「趙光義啊，我知道這一切都是你幹的。只要你不加害我和兒子的性命，我就裝聾作啞。」趙光義的話裏所暗含的意思是：「只要嫂嫂不捅破這層窗戶紙，不妨礙我繼承大統，我必定不會傷害你和侄子。等我即位後，咱們就共保富貴，你不必憂慮。」叔嫂的這種默契，來自於他們對宮廷政治的基本判斷，也來自於他們彼此的瞭解，更來自於他們的自我把持與應有的克制。他們都知道，大限來時，任何一方的非理性行為，都會帶來大規模的流血衝突。無論誰占上風，這裏面都沒有絕對的勝利者。秦漢隋唐，中間再加上一個魏晉南北朝，在這一千多年的時間裏，不知有多少手足因為宮廷鬥爭而自相殘殺，他們拋頭顱，灑熱血，到頭來，終不過「是非成敗轉頭空」，你說所為何來？也許趙宋皇室對此有深刻認識，所以全宋三百二十年，只出了趙匡胤之死這一樁宮廷血案。因此不能不說，宋帝國是汲取歷史經驗教訓最好的一個朝代。與其如此，趙光義才很順利地在哥哥靈前即位。

就趙光義即位而言，這一切都太順利了，順利得猶如一個既定程序，因為人人都清楚其中的步驟而坦然以對。同時，這又像是一個巨大的陰謀，除了死者趙匡胤以外，所有的人，幾乎全是共謀。

趙匡胤之死，史學家說法不一，有避重就輕不置可否的，有認定趙光義為兇犯的，還有持定「金匱誓約」的，即為免重蹈後周孤兒寡母亡國之覆轍，趙匡胤、趙光義的生母杜太后金匱遺言，告訴他們只有兄終弟及，方保趙宋江山永固。我們不妨把這個話挑得明白一些，那意思是說，趙匡胤死後，他的孩子還未成年，一旦即位，很容易被政變軍人推翻，那時國將不國。由弟弟趙光義來即位，就不會發生這種情況，所以太后遺言須遵循。

據認為，所謂「金匱誓約」，是趙普向趙光義示好而加以捏造的，當然也是趙光義求之不得的。這樣一來，他的繼承大統，就是合法有效的。可是，我們必須得承認，即便是拋開上面的這一說法，「金匱誓約」也疑竇叢生。首先說，杜太后何以詛咒兒子趙匡胤早死呢？再就是杜太后何以有先見之明，知道趙匡胤一定會英年早逝呢？她又何以推測得出，趙匡胤死的時候，其子一定未成年？我們注意到，即便是趙匡胤五十而亡的時候，他的長子趙德昭也已經成年，為什麼還要由趙光義來即位？

我們前面已經說過，關於趙匡胤的死因，只有趙光義一人有答案。只要他把嘴閉緊，就不會有直接的證據指向他謀殺其兄。除了漏洞百出的「金匱誓約」讓人生疑外，趙光義做藩王時的種種表現，也是一個不錯的參考。表面上，趙光義跟他哥哥趙匡胤好得穿一條褲子都嫌肥，可暗地裏，他卻交結豪俊，豢養力士，乃至招納亡命之徒，為己所用。甚至有種說法，趙光義在江湖郎中的指導下，很善於在酒中投毒。據推測，哥兒倆那天晚上喝酒的時候，趙光義趁哥哥不注意，投毒其酒杯之中。待趙匡胤明白過來，已力不從心，結果含恨而死。

不管上面的說法可信與否，不爭的事實是，一向健朗的趙匡胤死了，趙光義即位了。還有一個不爭的事實是，趙光義即位後，趙氏皇族的幾個關鍵男性——趙光義的侄子趙德昭、趙德芳，以及他的弟弟趙廷美，皆遭不測。趙光義承諾他嫂嫂的「勿憂也」，也就成了一句空話。熟讀中國帝制史的人有理由相信，趙匡胤、趙廷美、趙德昭、趙德芳之死，其實就是一場沒有硝煙的宮廷政變②。

趙匡胤生前怕部將也像他一樣黃袍加身，又是杯酒釋兵權，又是與退休將領、在職高官聯姻，那真是處處防變。我們說，他做到了，而且做得相當成功，也相當到位。但萬萬沒有想到的是，他防止了兵變，卻沒能阻止宮廷政變。他尤其想不到的是，這次宮廷政變的主角，竟然是他一向寵信的弟弟趙光義。這也叫做防不勝防吧。

也許趙光義內心深處存有某種不安，他決定效仿「玄武門之變」的主角李世民，以建功立業的方式，來求得某種心理上的平衡。於是，他實行積極的進攻戰略，把哥哥未竟的事業繼續下去。九七八年，南方諸國徹底平定；九七九年，陷太原滅北漢。趙光義實指望乘勝追擊，一鼓作氣把契丹人建立的遼國也一塊給滅了。不幸的是，二十多年下來，宋帝國卻連連敗北。就是趙光義本人，也曾在與北方強鄰的戰爭中身負箭傷。九九七年，趙光義箭傷復發，引起內臟感染，一命嗚呼，其第三子趙恆即位。這更加證實，當年的所謂「金匱誓約」，就是為趙光義量身定做的一塊遮羞布。

① 「官家」一說，是對皇帝的尊稱。如趙佶寵愛的安妃，臨終前就對身邊的侍女說：「要讓官家親自解了我脖子上的圍巾，上面有我的遺囑。」我們也可在《水滸傳》中，屢屢見到這樣的字眼，那都是稱呼皇帝趙佶的，如那三個好漢笑道：「莫說你是上司一個都監，便是趙官家駕過，也要三千貫買路錢。」再如好漢大怒道：「你這鳥男女，好不識人！欺負老爺獨自一個要換座頭！便是趙官家，老爺也鱉鳥不換。」又如，趙佶前來幽會，奶子趕緊告知李師師說：「官家從地道中來至後門。」等等，不一而足。在這裏，皇嫂稱尚未即位的小叔子趙光義為官家，等於已承認了他的帝位。另外，宋氏所說的「我母子」，是指趙匡胤前妻的兩個兒子，即趙德昭和趙德芳，她本人沒有生育。就是這麼一位柔順的年輕寡婦，九九五年四月去世的時候，就連基本的喪儀禮遇也沒得到。上一節我們提到的那位翰林學士王禹偁，因對賓客說過一句「后嘗母儀天下，當遵用舊禮」（《宋史・王禹偁傳》）的話，竟然遭貶。明朝思想家李贄也曾拿宋皇后的死說事，他痛責趙光義薄情之甚。

② 全宋三百二十年，除了這次宮廷政變以外，在南宋的趙構一朝，還發生過一次兵變。這次兵變的主角是禁衛軍軍官苗傅與劉正彥，他們因不滿自己的政治待遇，斷然發動兵變，直接挑戰當朝皇帝趙構，堅決要求他退位，立三歲的皇子趙旉為帝。這場鬧劇僅維持了不到兩個月，便被平息，苗、劉二人被擒，並磔斬於市。未幾，趙構惟一的兒子趙旉夭亡，成了這場兵變的犧牲品。最讓趙構受不了的是，他也從此絕後。也正因此，趙宋皇權，又在趙構之後，傳回到趙匡胤一支。趙光義通過宮廷政變得到皇權，他這一支又因為兵變，丟了皇權。這其中，似乎很有些天意。

皇恩浩蕩

趙光義之後，宋帝國的權力，以軟著陸方式，駛入平川。到第四任皇帝趙禎時代，趙匡胤的既定策略——防變，經過一個世紀的實踐，證明確為保住趙宋江山的一個法寶。我們也可以將這一支點，總結為趙匡胤主義。

宋帝國藩鎮的取消，使帝國政權已無兵變之虞。那麼趙匡胤主義，須隨著時代的變化，適時予以修正。當帝國政權過度到趙恆、趙禎父子手上時，他們採取了更為積極主動的策略，即不等群臣來顛覆中央政權，他們先把群臣給顛覆了。我們權且把這種政治策略，稱之為反顛覆運動。

趙宋政權的反顛覆運動，聽上去很暴力，實際上很溫柔。那麼，反顛覆運動是怎樣的一項決策呢？即中央政府拿出巨額資金，把從中央到地方的所有官員，全部腐化掉，讓他們無一漏網地墜入溫柔鄉。全國的軍政官員高度腐敗後，他們也就失去應有的政治嗅覺，失去了參與政治進程的興趣，失去了干預朝政的鬥志。這時，也就達到了顛覆全國軍政官員的政治目的。從趙宋政權的鞏固與穩定來說，腐敗不僅有理，而且有利——有利於趙宋一族始終處於執政地位。實踐證明，趙宋政權新生代的反顛覆運動，比趙匡胤主義來得更狠、更準、更有效。為了貼題，我們不妨把他們的反顛覆運動稱做濫情主義（當然了，趙宋皇室的濫情，首先體現在自身，比如宮中每年用大燭十三萬條；宮中釀酒每年需糯米八萬石；嫁一個公主賞錢七十萬貫，折合新臺幣十五億元左右。趙宋皇室的自我濫情，不勝枚舉；故不一一列出）。

趙宋政權濫情到什麼程度呢？以官僚們的福利為例，他們的收入不僅有俸祿，且有職田。俸祿又分為官俸（錢）與祿粟（米）兩項，官俸最高如戰區司令官，月俸四百貫，祿粟不詳；宰相、樞密使，月俸三百貫，祿粟每月一百石（每石折合六十六至九十六公斤不等）。既然是政府官員，就免不了公務活動，所以他們還有可供支配的公款，每人每年可領取兩萬貫①，且上不封頂，「用盡續給，不限年月」。這有點像今天臺灣政壇的公務機要費，大陸官員沒有這一項，但暗中卻都有小金庫可供支應。不過，原理都差不多。職田一項的等級是這樣的，藩鎮司令官、開封和洛陽兩市的高官，均為四十頃；次之三十五頃；邊遠小縣的縣官，亦有七頃。這些職田，由佃戶租種，官員坐享其成。

關於宋帝國官員月俸的問題很複雜，我們必須拿出來，單獨談一談。以宰相、樞密使一級的官員為例，他們的月俸為三百貫，以黃金為參照，推算下來，宋帝國的三百貫相當於現在的人民幣二十萬元。也就是說，宋帝國省部級高官，包括宰相在內，他們的年薪均在兩百萬人民幣。這尚且不算高官們每年領取的兩萬貫「公務機要費」——這筆錢實際由高官自由支配，帝國中央政府不予干涉。從某種意義上說，這兩萬貫公務機要費，實為高官個人收入的一部分。月俸與公務機要費加起來，宋帝國的宰相及省部級高官，年薪折合人民幣為一千二百萬元。我們還要加一句，灰色收入除外。

以同等折算比例來推算地方州縣官員的收入，一個縣長的月工資約為十五貫，祿粟月三至五石。結果出來了，一個縣長的年薪，折合新臺幣四十萬元。公務機要費和灰色收入這兩塊，並未計算在內。而且，這是以普通縣的縣長為例。如果是大縣，僅單純的工資一項，年薪折合新臺幣就是四十五萬元以上。上面的換算，仍屬保守。因為我們知道，北宋中期的一貫，是可以折算新臺幣三千元至六千元的，乃至更高。這樣的話，北宋帝國一個縣長的年薪，有時可高達十到十五萬元新臺幣。我們可以推想，北宋末年的宋江，才是鄆城縣一個小小縣吏，就可以隨意周濟他人，且出手大方，因而博得及時雨的美名。想來，他以一個縣吏的職位，其收入也一定不菲②。

上面所提，只是帝國官員福利待遇的一個側面。更離奇的是，帝國中央政府對官員們的照顧，簡直到了無微不至、令人咋舌的地步。以補貼為例，官員們可以享受職務補貼、茶水補貼、紙墨補貼、馬料補貼、出差補貼、廚料補貼、取暖補貼、僕役補貼、分居補貼，以及衣料補貼等等，那真是令人眼花繚亂，目不暇接。衣料補貼是說，春冬兩季，綾二十匹，絹三十匹，冬綿百兩。廚料補貼中規定，政府每天供給每位官員一至五升的酒，食鹽每月為七石。另外茶、米、麵、肉，也是定期發放到官員們的廚房中。取暖補貼，最高每月給薪一千二百束，木炭每月二百秤。僕役補貼是說，官員家中傭人的相關費用，以及每名僕役的糧食和服裝補貼，也由國家負擔；高官的家用僕役，最高可達一百人。官員家中的僕役，每人每年糧食折錢三千文，綢絹每匹折錢一貫，布每匹折錢三百五十文，綿每兩折錢四十文等。分居補貼有些特殊，趙恆時，外任官員不得攜帶家屬，這就造成了幹部及其家屬的分居。為了給以安慰，帝國政府給予分居家屬一定的贍養費，用於購買每月的米、麵、羊等生活用品。總之，一切補貼，宋政府均以現金的形式兌現。

宋帝國濫情時代的另一特徵是恩蔭制度，它的存在，使得皇親國戚、功臣後代，甚至門客，不經選拔便登堂入室，成為正式國家幹部。甚至很多人一生下來就有了級別，進而就有了相對應的俸祿。不要講皇族，就是宰相王旦，他死後，其子孫和門客，一次就多達數十人被恩蔭為官。服完喪期，王旦諸子又各升一級。與恩蔭相呼應的還有恩賜。趙宋皇帝對軍政官員，總是慷慨無度，所有在編官員，只要沒有大的過錯，皇帝一律橫賜金銀財寶。皇帝每三年到南郊祭天一次，每次賞賜大小官員及士兵的錢，總數約為一千二百萬貫。這筆錢，折合成新臺幣，就是一個天文數字。即使皇帝駕崩，文武大臣也都能藉機獲得總額為百餘萬的遺賜。此外，還有諸如此類的誕聖節恩蔭、致仕恩蔭、遺表恩蔭等等，真是五花八門，眼花繚亂。難怪清代史家趙翼感歎：「朝廷惠下之典，未有如宋代之濫者。」

對待學子，趙宋皇帝同樣用情過度。唐帝國進士，每次錄取不過二三十人，可到了宋帝國，每次錄取就高達七八百人（僅趙禎時代，就開科取士近萬人）。年過五十的人，考六至九次還不中的，一律免考，皇帝則賜予他們學人身分，並給以基本職銜，充入基層為官。這使我想起《儒林外史》裏的寒儒周進和范進，這兩位明朝學子，前者都六十多歲的人了，還考不上個秀才，在參觀貢院時，觸景生悲，竟哭得口吐鮮血；後者考了二十多回，五十四歲時才中了個秀才。對比之下，宋帝國的學子真是幸運極了，年過五十、考六至九次還不中的，即可直接被吸收到幹部隊伍中。這已不是什麼學而優則仕，而是學者皆入仕了。

這就是宋帝國政治的真實寫照。只要屬於精壯人員，差不多都有機會入仕或入伍，加入發財集團；官員也不論大小，只要成為統治階級的一員，錢米雜物以及僕役馬匹的費用，國家將按照等級標準，全額按時發放，絕無拖欠。趙宋治國的原則是，再窮不能窮官員，再苦不能苦幹部。所以當時的人就說，政府對百官加恩，惟恐不足，而向萬民斂財，不留其餘。站在當朝官員們的角度，這是百分之兩百的皇恩浩蕩；站在今天的角度，這是百分之兩百的濫情主義。

我們要知道，濫情主義並非趙恆、趙禎父子的首創，早在趙匡胤、趙光義執政時，就已經初現端倪了，表現為冗官、冗吏、冗兵。可以這麼說，宋帝國一開始就毫無節制地把全國的精壯力量，吸收到軍中，吸收到幹部隊伍中，然後用流水一般的銀子，把他們養起來，目的使民間失去起義的資本。這樣一來，廣袤的黃土地上所剩下的，就只有老弱病殘了。恰恰正是這個弱勢群體，用他們的血汗，供養了一支貪得無厭的官員隊伍，供養了一支無往而不敗的軍隊。

我們當然不能泛泛而談，下面的數字說明一切。先說冗官冗吏的數字，宋初，即趙恆時代，全國有一萬多官員；到四十五年後的趙禎時代，全國官員已增至一倍；再過十年，即趙曙時代，全國官員激增至二萬四千人，以後不斷增加，最多達到三萬四千人。吏的情況就更突出，趙恆時就已經達到十九萬五千人之多。

再說說冗兵③。趙匡胤時，帝國軍隊有三十萬；趙光義時六十六萬；趙禎時一百二十萬。養活這樣一支常備軍，一年要花費多少老百姓的血汗錢呀。答案是，政府每年總收入的五分之四都要做軍費支出。如此龐大的軍隊，坐費衣食，紀律鬆弛，卻竭天下之財，養而不用。無論是京城的禁軍，還是地方部隊，他們早已成了鮮衣駿馬的老爺兵，他們只知領取俸祿，而不知其他。你不能想像的是，這些老爺兵每月領取俸糧時，自己都已經扛不動了，而是要雇用挑夫幫他們扛回去。難怪宋帝國的軍隊，在與遼、金和西夏的戰爭中，連連敗北。

仗打敗了，還算是好的，至少說明還有出擊的勇氣吧。還有更不如這的，就說趙恆時代吧，四川夷人常常犯邊寇掠，帝國的邊防部隊，竟不敢與之交戰。也不知是哪位天才，想出一個絕好的主意，給夷人酋長發放大米券，約定持此券即可世代前來領米，條件是，夷人必須停止犯邊行動。此例一開，其他部落酋長亦群起而效之。接著就出現了更加離奇的遊戲規則，帝國邊防部隊規定，得大米券的多少，取決於屠殺宋帝國軍民的多少。換句話說，誰殺的宋帝國軍民多，誰的勢力就大，那麼他所獲得的大米券也就愈多。到趙頊時，帝國前後發放的大米券，已多達四百餘張。咱們想想，發出這麼多的大米券，那得鼓勵夷人殺多少宋帝國軍民呀！但站在夷人的角度來說，這何嘗不是另一意義上的皇恩浩蕩呢？

上述種種，無論是哪一意義上的皇恩浩蕩，都意味著一個帝國的經濟自殺行為。我們以趙恆時代，即一〇二一年為例，宋帝國的國家總收入，粗略地折算為今天的美金，約為六十至七十億美元。然而到宋帝國第五任皇帝趙曙時代，宋初所積累的巨大財富，幾乎已空空如也。當一個政府入不敷出的時候，它的政治自殺程序也就跟著自行啟動了。

① 把這些數字具體到個人頭上，我們就以高官包拯為例，他做開封市長時的月收入為：基本工資兩百貫、添支錢一百貫、糧三十石（米、麥各半）、柴二百六十斤、乾草四十捆、木炭二百二十五斤（僅限冬季月份領取）、公務機要費一萬五千貫（此錢由領導人自由支配，實際也就是允許化公為私）、耕地兩千畝（持有人每年可收租兩千石米，且無須納糧）。相關數據，參照《宋史・職官志》及《嘉祐祿令》。

② 相關話題，詳見「及時雨之所來」一節。而這裏需要注釋的，是與「皇恩浩蕩」切題的部分。被招安的梁山泊好漢，為國出生入死之後，趙佶皇帝對他們論功行賞，武松對敵有功，傷殘折臂，於六和寺出家，賜錢十萬貫；宋江、盧俊義各賜金銀一千兩。宋江回鄉探親，趙佶「再賜錢十萬貫，作還鄉之資」（第一百一十九回）。這雖是小說，但卻很符合宋帝國「對百官加恩，惟恐不足，而向萬民斂財，不留其餘」這麼一個歷史事實。

③ 宋帝國到底有多少將士，連中央政府都無法確知。他們也曾經試圖從普查中獲得結果，但由於技術手段的落後，再加上利益關切導致的層層不配合，使得普查一次次流產。冗兵帶來經費編配的巨大漏洞，進而貪污盛行。當時的軍官，無不以謊報數字的方式來掠奪國家財產。李清照的第二任丈夫張汝舟就是一例，他利用監軍審計司的職權，假造名冊，虛報冒領，侵吞公款，被李清照所告發（出人意料的是，張汝舟毫髮無損，倒是李清照因告夫而獲罪入獄）。據估計，僅宋帝國軍隊虛報的人數，就高達十萬。

先天下之樂而樂

中國的讀書人，都知道一個叫范仲淹的人，他的散文〈岳陽樓記〉裏，有個傳誦近千年的名句，叫做：「先天下之憂而憂，後天下之樂而樂。」我總在想，九百多年前的范仲淹，何以有如此寬大的胸懷呢？話要從范氏義莊說起。

一〇五〇年，范仲淹在原籍蘇州購買了一千多畝土地，建起一所義莊，以贍養同宗同族成員。范仲淹死後，其子范純仁、范純禮（分別官至宰相及尚書右丞）接續，使義莊得到持續發展。至清朝宣統年間，范氏義莊已有田地五千多畝。至此，我們可以說，歷八百多年之久的范氏義莊，已然成為一個小小帝國了。

范氏義莊管理條例規定，凡在編族人，皆可按時領取口糧、衣料等生活用品，逢婚喪嫁娶、科舉諸項所產生的費用，一律由義莊承擔。甚至女子改嫁，也有再婚補貼。更規定，所發放的口糧，通常是白米，如遇災年發放糙米，則加領二成。同時，每家每戶可領一個奴婢的口糧。僕人的子女，在范氏義莊服役十五年，年齡達到五十歲的，亦可按人口領米。族人生兒育女，須在兩個月內向義莊報告，也就是給孩子落戶，以便及時領到錢糧絹帛。除此之外，義莊還有義學，本族子弟一律實行免費義務教育，更有供本族免費借住的義宅和免費醫療等等。大致的情形告訴我們，范氏義莊裏的人，完全可以做到衣食無憂了。

如此看來，范氏義莊的運作，真有些「先天下之憂而憂，後天下之樂而樂」的意味了。數百年以來，中國的人文精神，也往往把范仲淹的這一理念及行動，當作一種至高無上的境界加以稱頌，但實際的情形恐怕已超出傳統的認知之外。咱們想一想，范仲淹一口氣買下一千畝土地，這無論如何都不是一個小數字。我們不僅要問，范仲淹哪來這麼多的錢？他開辦義莊之前，曾是官場不得志的人，甚至一度被貶到鄧州做州長。任他怎麼刮地皮，也不至於暴富到這等程度。你也許會說，范仲淹買這一千畝土地前，已經是帝國副總理了。沒錯，他擔任這一令人欣羡的職務未幾，即購買了創辦義莊的土地。但仍然沒有證據指斥他以權謀私，或貪污腐敗。不僅如此，范仲淹還是出了名的廉政官員，他終生過著清貧的生活，他去世時，甚至沒有錢財裝殮，子孫們更沒有錢財為他舉辦體面的喪禮。那麼，范仲淹購買千畝土地的錢是哪裏來的呢？答案只有一個，他的錢就來自浩蕩的皇恩。

范仲淹同時代的官員錢公輔，在他的〈義田記〉裏披露說，范仲淹還沒顯貴的時候，就想著辦義莊，以造福范氏一族。據說，范仲淹的這個構想，在他的肚子裏裝了二十年之久，遲遲不能實現。後來，直到他做了西部邊境的統帥，隨之又入朝參與中央政府的大政（即副總理之職），他才開始有了俸祿賞賜的收入，進而實現了他在家族內部的「先天下之憂而憂，後天下之樂而樂」的理想。不能忽略的是，范仲淹實現上述目標所處的歷史背景，恰值宋帝國第四任皇帝趙禎時代。這是一個濫情時代——皇帝加恩百官，幾乎到了無邊無際的地步，處在這一時期的范仲淹，是當然的受惠者。因其受惠，他才有經濟實力，完成宏願。

從「皇恩浩蕩」一節也不難看出，身為宋帝國官員，他們的生活是何等的優越；也不難推測得出，位居宰相者，不用貪污，每年就有一兩萬貫，即上千萬人民幣的合法收入（但王公大臣仍不滿足，還要廣購房產，從中牟利。《續資治通鑑長編》就說，諸王邸多置產市井，日取其資；時故相夏竦，邸店最廣）。蔡京、王黼等貪官型的不必說，就是廉政型的高官，也每每擺出一副吃不完的闊佬相。宰相呂蒙，酷嗜雞舌湯，且每餐必喝。為此嗜好，呂府廚房，每天殺雞千百隻，方能供呂蒙一湯之用。就是大才子蘇東坡，一〇六一年初入官場時，他才是陝西鳳翔縣的縣長助理（判官），到任後第一年，就建了一個豪華官邸，前有水池，後有亭子，另有一個上好花園，僅種花就達三十餘種。

須單獨拿來一說的是翰林學士蒲宗孟，他的家裏每天須宰殺豬羊各十隻，每晚消耗巨燭三百支，這日子才算過得去。更離奇的是，蒲家的兒媳終日不做別的，只教丫鬟們做各式各樣的酥花甜點，以備飯後食用。蒲宗孟的一個兒媳婦，不許酥花重樣，以免客人第二次吃到同一花樣的飯後甜點。這樣一來，丫鬟們就只得晝夜加班，方能滿足需要。蒲宗孟的特別之處還在於，他原創了一套奢侈的衛生法，即所謂大洗面、小洗面、大洗足、小洗足、大洗浴、小洗浴。具體說來就是，他每天洗臉兩次，洗腳兩次；每隔一天，正式洗澡一次。在小洗面時，他只洗臉，臉盆中換水一次，有兩個僕人侍奉；大洗面時，要換水三次，有五個僕人侍奉，要洗到脖子和肩膀。在小洗足時，換水一次，由兩個僕人侍奉，只洗到足踝為止；在大洗足時，換水三次，由四個僕人侍奉，要洗到膝蓋。在小洗浴時，他用二十四桶水，由五六個僕人侍奉；在大洗浴時，也用二十四桶水，但由八九個僕人侍奉。大洗浴還有一個程序，就是用藥膏洗，浴衣要放在金屬網子上，下有珍貴的香料點燃慢慢薰蒸。大家可以算一算，帝國每年須給這些高官多少俸祿，才能支撐得起他們每天的巨耗呀？別的高官把帝國所給予的巨額俸祿及時行樂地消費掉了，而范仲淹積攢起來辦義莊。這就是人與人的不同。

如果說專制社會有什麼特別之處，那一定是政府官員在享樂方面，永遠都是「先天下之樂而樂，後天下之憂而憂」。自然，專制集團裏的范仲淹也不例外。他當了邊防司令、帝國副總理後，一下子就成了先闊起來的那部分人；他辦義莊的巨大花費，無一不來自趙宋皇帝所賜。趙宋皇帝的錢又是哪來的？是刮地皮來的。換言之，范仲淹辦義莊的錢，間接來自人民的血汗錢。一個拿人民的血汗錢養活本族的人，卻被世代標榜為道德的楷模，是不是很滑稽、很荒唐呢？

言猶未盡的，是宋帝國官員超乎想像的及時行樂。先說開封的酒樓，這裏不僅備足各色佳餚酒品，且盛菜倒酒的器皿，多為銀製品。即便普通的小飯館，都用銀製餐具，諸如銀酒壺、銀酒杯、銀碟子、銀湯匙，以及銀頭的象牙筷子等等。中國北方向有外燴風俗，也就是叫菜到家。當時開封的飯館，照例把那些價值四五百兩的銀製餐具放在東家過夜，第二天再去取，並不以為有多貴重。上面我們提到的酒樓，是更高檔次的，來此消費的顧客，每每費銀百兩，折合今之新臺幣，就是兩三千元。酒店之外，還有無處不在的夜市，招攬廣大基層官員。在開封，最大的夜市棚，一次可容數千人飲酒作樂。再以清明節為例，這一天，開封人紛紛出城，到郊外上墳，但見「四野如市，往往就芳樹之下，或園囿之間，羅列杯盤，互相勸酬。都城之歌兒舞女，遍滿園亭，抵暮而歸」。也因此，京城開封給北宋官員孟元老（見第六章注釋）留下一個極深的印象，那就是「都人風俗奢侈」。

但我們要說，所謂「都人」，有多少是市民？去一回酒樓就五六百元，上一回墳就杯盤羅列地大快朵頤，這在今天，也不是普通百姓消費得起的。我們不要忘了一個歷史事實，就在趙佶時代，亦即宋帝國官員飽享皇恩、及時行樂的時代，京西一帶卻大鬧饑荒，出現人吃人的惡劣情勢；乃至煉人腦取油，假充其他油類，運銷四方，從中牟利（參見范文瀾《中國通史簡編》北宋部分）。孟元老筆下的首都開封，頻頻出現妓院的字眼。要知道，這也是民不聊生所致，即便是好年景，百姓連糠都吃不飽，就別說遇到荒年了。無奈之下，許多百姓只好把女兒送到妓院，以是養家糊口。史載，開封的妓女，頂峰時達到一萬戶。妓院中，有國營的，也有私營的。帝國各州縣的妓院，亦維持公私皆營的格局。出現妓女氾濫的狀況，一是帝國提倡，二是人民深受官府盤剝壓榨（貢遼金、貢西夏需要錢物，本國官員搞腐敗也需要錢物，這一切無不出自帝國百姓之手），窮得已無生路。百姓送女為妓，是不得已的一條求生之路。

這就是被宋帝國當朝官員津津樂道的所謂盛世（後世一些玩弄文字的小丑，竟然亦步亦趨，吠形吠聲），其實是一個官吃民的惡世。站在帝國皇政軍的角度，他們喝著人民的鮮血，過著醉生夢死的好日子，是當然的盛世，或者說是他們統治階級獨享的盛世；站在人民的角度，被皇政軍盤剝得一貧如洗，大家走投無路，過著生不如死的苦日子，這就是地獄。盛世與地獄並存，是一切專制社會的特點。所以，每當官方嚷嚷著欣逢盛世之類詞藻的時候，老百姓就要格外警惕了，切莫聞雞起舞，因為那不是你的盛世，而是統治集團——貪官污吏的盛世。倘若渾渾噩噩，與之彈冠相慶，那就成了被人賣，還要幫著人數票子的二百五。

及時雨之所來

上一節所說的范仲淹是高官，這裏我們再說說宋帝國的基層官吏。以《水滸傳》為例，先說說大家最為熟悉的宋江，書中這樣為他開臉：「這宋江自在鄆城縣做押司。他刀筆精通，吏道純熟；更兼愛習槍棒，學得武藝多般。平生只好結識江湖上好漢，但有人來投奔他的，若高若低，無有不納，便留在莊上館穀，終日追陪，並無厭倦；若要起身，盡力資助，端的是揮霍，視金似土。人問他求錢物，亦不推託；且好做方便，每每排難解紛。如常散施棺材藥餌，濟人貧苦，扶人之困。以此山東、河北聞名，都稱他做及時雨。」

首先要問一下，縣政府押司，是何等角色？在「權力的迷魂陣」一節我們已經說過，宋帝國的官制混亂不堪，難以一概而論。單就宋江的職務，說籠統點就是一個小幹部；說具體點就是負責辦理案牘事務的辦事員。換句話說，宋江連個官的名稱都沒有。不僅又要問下一句，縣府一個小小辦事員，哪來那麼多錢為人排憂解難？關於宋帝國辦事員的工資，我手頭沒有資料，但有縣長的工資可供參考。在宋帝國，一個縣長的年薪約相當於今天新臺幣的八九十萬元；比照開來，一個辦事員的收入，往少了說，差不多也有個十六七萬元新臺幣的年薪。再加上平時的灰色收入，宋江一年收入二三十萬元，應該沒有問題。宋江一直到三十多歲，仍然未婚；作為一個單身漢在縣府工作，宋江手頭的寬裕是可想而知的。宋江有錢，又有助人為樂的天性，他的「濟人貧苦，扶人之困」，也就成了順其自然的事。

宋江是如何「濟人貧苦，扶人之困」的呢？就說閻婆那一節吧，宋江與他們素昧平生，只是人家求到頭上，他便掏出十兩銀子（數萬新臺幣），解危濟困。我們知道，武松曾經出五兩銀子，請鄆哥出來作證，以便為他哥哥武大郎的死討個公道。鄆哥當時的盤算告訴我們，五兩銀子足夠他父子倆生活三五個月的。那麼，宋江給閻婆母女倆十兩銀子，也算是天大的恩情了。閻婆嚐到甜頭，索性把女兒閻婆惜硬塞給宋江。宋江無奈，「就在縣西巷內，討了一所樓房，置辦些家火什物，安頓了閻婆惜娘兒兩個那裏居住。

沒半月之間，打扮得閻婆惜滿頭珠翠，遍體金玉。又過幾日，連那婆子也有若干頭面衣服。」（第二十一回）

一所樓房多少錢？一個女人穿得「滿頭珠翠，遍體金玉」又得多少錢？後來，宋江激情殺了閻婆惜，閻婆道：「這賤人果是不好，押司不錯殺了。只是老身無人養贍。」宋江道：「這個不防。既是你如此說時，你卻不用憂心。我頗有家計，只教你豐衣足食便了，快活過半世。」這「頗有家計」又得多少錢？我們不得而知，但卻知道都頭朱仝與雷橫去宋江家緝捕他時，宋太公一下就「將出二十兩銀子，送與兩位都頭」，分予四十個士兵。一個農家，出手就是二十兩銀子，那也是相當於今天的新臺幣數萬塊了。即便是宋江畏罪潛逃的路上，也是出手大方，在柴進莊園結識武松時，一個見面禮就給了武松十兩銀子。這都說明，宋江所說的「頗有家計」不虛。

接下來，咱們再看看北宋另外兩位軍人的個人經濟。先說林沖買刀，拋開高俅等給他做套兒一節不說，就是林沖本人，最終以一千貫成交一口寶刀，也說明他的個人經濟實力很是雄厚。因為我們知道，一千貫約相當於現在的兩百萬新臺幣。兩百萬新臺幣，不是可以買輛不錯的轎車了嗎？今天能買得起兩百萬私家車的，基本有兩種人，一是貪官，二是暴發戶。這兩種人的錢，來路都存在正當性問題。而林沖的錢，卻基本來自他的正常收入。一個教頭在宋帝國，充其量不過一個中級軍官。官雖不大，卻能養家糊口，且滋潤無比。難怪林沖在逃亡的路上，深深地懷念他當教頭時「每日六街三市遊玩吃酒」的好日子。

《水滸傳》中另一位小官，也是大名鼎鼎的人物，他就是魯達。他和史進等在酒店裏喝酒，遇到落難的金老與女兒金翠蓮，伸手就掏出身上的五兩銀子，又向史進借了十兩，一併給了那對父女。提轄是地方軍隊的教官，級別上要比林沖低多了。然而他平時的身上，也是隨時裝著幾兩銀子，那就是數萬新臺幣呀。今天的人，若非有事，有多少是隨身數萬塊錢帶在身上的呢？大宋基層官吏卻做到了，說明他們很有錢。那麼，他們的錢是哪裏來的呢？我們說，就來自浩蕩的皇恩。所以說，宋江的及時雨也不是說下就下的，范仲淹「先天下之樂而樂，後天下之憂而憂」的想法，也不是說說就能實現的。最終，一切都要歸結到錢上。這個錢來得容易而豐實，也就去得隨意而大方；宋江「端的是揮霍，視金似土」，藉此而來。

第二章
北方的狼群

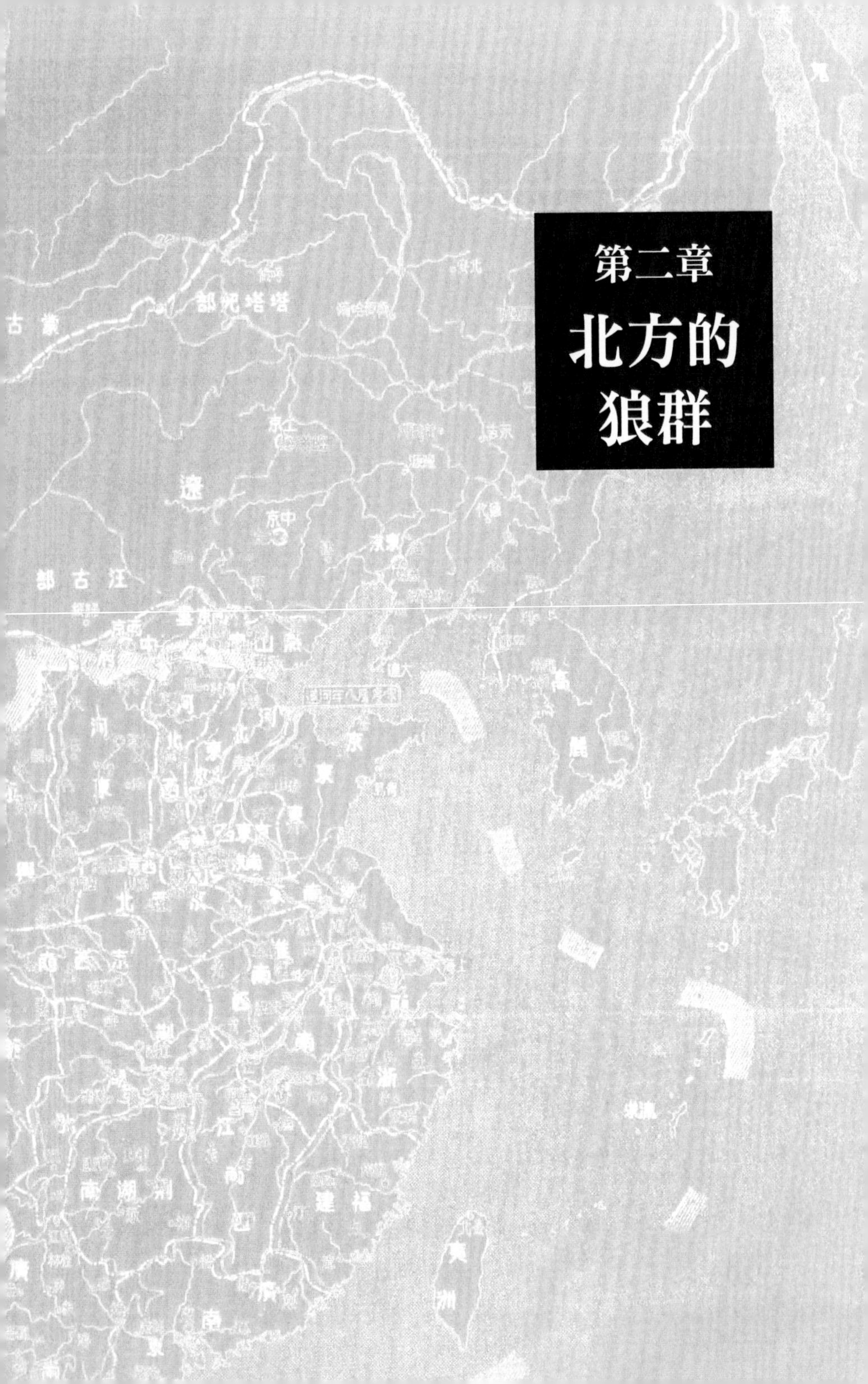

望長城內外——這充滿感性的句子，對中國人來說，具有強烈的時空感、歷史感和滄桑感。但今天的長城，它只有旅遊景點的概念。只有當我們回到千百年前，萬里長城才得以復原其應有的靈動性：在那裏，它猶如一道人工柵欄，把佈滿鄉村和城市的中國本部，與莽莽草原分割開來。這莽莽草原，就是中國人既熟悉又恐懼的塞北，它包括東北、內外蒙古、寧夏、新疆等區域。說中國人熟悉塞北，是因為它是帝制時代中國人不盡的噩夢之源；說中國人懼怕塞北，是因為這片莽原上的兵戈鐵馬聲，常常踏碎中國人的睡夢。

秦漢至清兩千多年，中國的邊患無不來自塞北，但我要說，沒有任何朝代像宋帝國那樣，受到北方少數民族前所未有的凌辱。中國人的歷史觀，常常迂闊於「唐宋元明清」這麼一個籠統的說法。言下之意，宋帝國像另外與之並列的幾個朝代一樣，是完整的。儘管熟讀中國史的人都知道，這並非事實，但在人們的潛意識裏，情願宋帝國具有完整性。所以，一說到宋帝國，那彷彿就是當時中國的全部。事實上，宋帝國的所謂統一，它也僅僅統一了多半個中國。這就像西羅馬從未統一過北方的日耳曼民族一樣，宋帝國也從未統一過北方的胡種族群。不僅如此，相對於宋帝國的文弱，北方的胡種族群，強悍如狼，三百年間，壓得宋帝國氣喘吁吁，使之從未直起過腰桿。下面，我們就分別來談一談宋帝國以北的胡種族群。

契丹之遼

從部落到帝國　在上面的引言中，我們說中國人的歷史觀，常常把宋帝國當作那時中國的全部。這種自我意識，或曰中原文化獨尊的心理，一定程度上排擠了北方胡種族群，也忽略了他們的歷史存在。事實上，這是一個能征善戰的強悍族群，也不乏自省意識與進取精神，如文化上積極漢化，地理上向中原靠攏等等，都具有強烈的演進性。因此說，最初實現游牧文化與中原文化融合的，不是漢人，而是北方的胡種族群。這兩種文化的結合，給予胡種族群無與倫比的政治與軍事力量，使他們不僅能夠與宋帝國鼎足而立，而且以罕見的強勢，伴隨全宋始終。契丹人就是這個族群中的一個分支，我們先來說說它與宋帝國的關係。

契丹人是一個半游牧民族，他們穴居匈奴汗國故地遼河，以打獵、捕魚、放牧為生。他們的生活所需，基本來自牲口：羊皮製成衣服可以禦寒；毛氈製成圓頂帳篷可作住所；牲口糞便為燃料可做飯或取暖；馬匹則提供遷徙的動力。放牧工作看似逍遙自在，實際也有它繁瑣的一面，就是按季節把帳篷和牛羊群，從一處轉往另一處。今天中國北方的游牧民族，仍部分地沿襲著這樣的生活方式。一次電視直播，再現了游牧民轉場的原生景觀，為我們預留下無限的想像空間。可以想見，早期的契丹人為尋找草地，同樣在夏天移到山地，在冬季移到低地，生活裏充滿了新的元素。

契丹族群由八個部落組成，漢人稱他們的部落首領為酋長，他們自己則稱大人。八位酋長，每三年召開一次峰會，並推選一位任期三年的盟主，負責處理各部落間的大事。游牧政體，截然不同於單一的中原政體。在形態上，它們具有城邦制色彩，也就是說，契丹人的權力呈多元格局。這是游牧文化與中原文化的不同之處。我們不妨把話說得明白一些，游牧政權出自於選舉，而中原政權出自於世襲。換句話說，你是這一屆的部落盟主，下一屆未必還是；中原政權剛好反過來，按照法律規定，皇帝的兒子就一定是未來的皇帝人選——倘非政變，倘非亡國，這一格局永不改變。這就是歷史學家在敘述中原政權的時候，為什麼常常使用「李唐」、「趙宋」（即李家的唐朝、趙家的宋朝）一類詞的緣故。一個政權所體現的是家天下，可不是「李唐趙宋」之稱謂嗎？

但我們很快就注意到，契丹人在漢化過程中，也漸漸喜歡上「李唐趙宋」的政治模式。九一六年，在契丹族群中，有一個部落橫空出世，打破了部落聯盟原有的政治格局，那就是耶律部。這一年，正好是耶律部酋長阿保機為盟主，他通知各部落，說要召開一個峰會，結果另外七位部落酋長一到，他一一伏殺，八大部落從此統一為契丹國（當時中原是朱溫建立的梁朝）。

耶律阿保機之所為，其實就是游牧文化與中原文化融合的產物。盟主出自推選（蒙古領導人大汗亦推選產生），這是游牧文化；滅掉其他部落，建立一個統一的集權制國家，這是效仿中原文化。按照北方游牧民族舊制，一個統一的契丹，其元首為可汗。但耶律阿保機不這麼稱呼，他的政府多從漢制，可汗改叫皇帝。不久，他們索性連國名都改了，叫遼帝國，定都臨潢（即今之內蒙古巴林左旗，那時的契丹人稱它為上京）。北方游牧民族有固定的首都，就從遼帝國開始。

從一張十世紀的地圖來看，遼帝國首都臨潢，直接與宋帝國北部邊境接壤，這便是契丹人南移的一種姿態。小分裂時代，中國本土混亂不堪，北部邊境一帶的漢人，大批流入相對安定的遼帝國境內，首都臨潢的漢人，幾乎占人口的三分之一。其他地區，亦有專供漢人居住的街市城堡，時人一律將其呼為漢城。因為契丹人非常看重漢人的工農業生產技術，以及行政管理才能，便為大批流入境內的漢人提供工作崗位及生活便利。因此，首都臨潢以南的地區，漢城尤其之多。得到尊重的漢人，給契丹人帶來一場政治、經濟、文化革命，使一向落後的契丹人，迅速超越塞北其他胡種族群，一躍而為一個現代化帝國。契丹人明白，這一切全靠漢人的貢獻。所以，他們把漢人當作智慧之源，並對漢人實施特別保護，即嚴防漢人逃回中國本

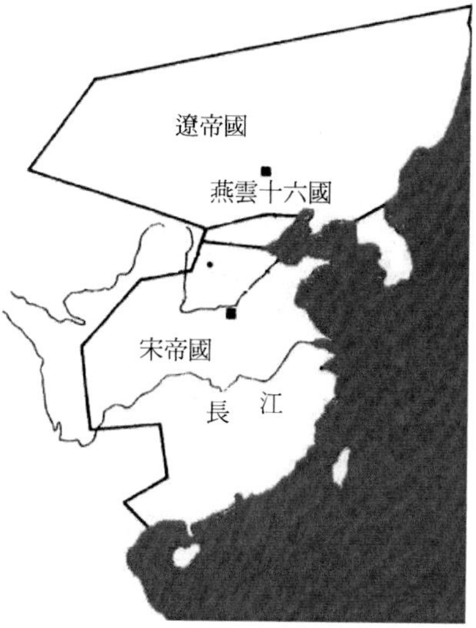

宋遼對峙圖

土。用今天的話說，就是防止人才流失。這之下的遼帝國，看上去更像是一個漢人國家了。

我們說，耶律阿保機是游牧政體的破壞者，但同時又是漁獵與農業並存機制的建立者。二十世紀末葉，人們有理由相信，一國兩制理論是出於鄧小平的首創。但我要說，早在一千多年前，遼帝國就已經把一國兩制理論付諸實踐了，即南部實行農業主義生活方式，北部實行游牧主義生活方式；南部主要由漢人治理（文官制），北部主要由契丹人治理（武士制）。一國兩制下的遼帝國，把北部大草原變成了他們的練兵場，又把南部大平原變成了他們的大糧倉。這一完美的政治設計，使得遼帝國在百年之間，所向無敵。

飄然而去的要塞　說到契丹人，繞不開的一個人是石敬瑭。九三六年，後唐（五代時的第二個帝國）皇帝李從珂，下令調其姐夫、太原司令官石敬瑭到山東東平任職，石不從，遂起兵叛亂。李從珂調兵圍剿，石敬瑭招架不住，向遼帝國乞援。也就是在這一年，契丹人的首任皇帝耶律阿保機去世，耶律德光即位。

乞援時，石敬瑭首先拋出一塊巨大的肥肉為誘餌，說遼帝國一旦幫助他政變成功，他就割讓長城以南十六個州的土地（東西約六百公里，南北約二百公里）作為報酬。這是天上掉餡餅的事，耶律德光聞言興奮異常，並御駕親征，一舉擊潰了後唐帝國的部隊。

石敬瑭在契丹人的幫助下，滅後唐，建後晉，登上皇帝寶座。隨即，石敬瑭毫不猶豫地從後晉版圖上，一刀割下燕雲十六州①給耶律德光。不僅如此，石敬瑭每年還搜刮民財三十萬匹、金銀珠寶無數，奉獻於契丹人。尤有甚者，石敬瑭更尊稱耶律德光為父，自稱為兒。那一年，耶律德光僅三十七歲，而石敬瑭已四十七歲。乾兒比乾爹整整小了十歲，這充分凸顯了石敬瑭的無恥，具有無可比擬性。

契丹人得燕雲十六州，即改幽州為燕京，並開始入住中國。

石敬瑭死後，他的侄兒石重貴繼位，後晉與遼帝國的關係徹底逆轉。這位莽撞的新主，為爭取與遼帝國平等的政治地位，竟然下令把在後晉經商的契丹人全部殺掉，並斷絕兩國貿易。同時，下詔御駕親征，傾全國兵力，討黠伐虜。石重貴在詔書上說：「凡生擒耶律德光的人，即擢升為最大戰區司令官。」這種不計後果、橫挑強鄰的愚蠢行為，給予耶律德光大舉南侵的藉口，開封很快就陷落，石敬瑭、石重貴叔侄的家屬，全部被放逐到兩千公里以外荒涼而寒冷的黃龍府。巧合的是，這也是一百八十年後，北宋皇室宗親被流放的地方。

耶律德光進入開封後，宣布他兼任漢人皇帝，然而卻遭到中原人民的激烈反抗。因難以立足，契丹人只好撤退，但沿途燒殺搶掠，無惡不作，以示對不屈者的報復。當耶律德光及其部從走到河北欒城縣境內一座樹林中時，暴病而亡。漢人把這座樹林命名為「殺胡林」，以示對這個蠻族首領的最大蔑視。但這並沒有改變什麼，燕雲十六州依舊在遼帝國的版圖中，這比什麼都讓漢人感到羞愧和不安。它的割讓，使長

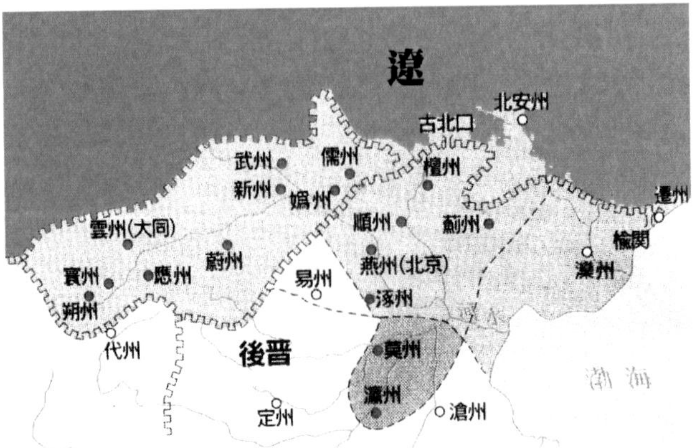

燕雲十六州地圖

城險要蕩然無存；則黃河以北五百公里的大平原，就像敞著門的庭院，已無任何屏障可以阻擋塞北敵騎的南侵。

購買和平　幾經風雨，中原產生了一個新的政權，即趙匡胤建立的宋帝國。這是一個有別於五代諸國的朝代，它承接了唐朝遺留下來的三分之二的國土，並且政權穩定。對北方的遼帝國來說，這是他們所最不願看到的。

宋帝國同樣有他們所不願看到的東西，那就是遼帝國的咄咄逼人，以及他們占領下的燕雲十六州。彼此的心結，導致兩國摩擦不斷、衝突不斷。一〇〇四年冬，遼帝國大舉南征，耶律隆緒皇帝和他母親蕭太后親自統軍，穿過平原，直赴黃河。只三五天，遼帝國部隊便陸續抵達澶洲，亦即澶淵（今之河南濮陽西南），隨即安營紮寨。此地至宋帝國首都開封，直線距離只有一百二十公里。

遼帝國迅雷不及掩耳的軍事行動，震驚開封朝野，皇帝趙恆召集緊急會議，多數大臣除了想到遷都以外，別無他法。只有宰相寇準，力主御駕親征。趙恆無奈，只好硬著頭皮，即行北上澶州。兩國的皇帝，一個在城裏，一個在城外，形成嚴峻的對峙狀態。表面上，雙方拿出決一死戰的架勢，但私下又溝通不斷。耶律隆緒麾下有位漢人，叫王繼忠，他是此前一年被遼帝國俘擄的宋帝國大將，深得耶律隆緒的賞識。王繼忠權衡利弊，建議兩國舉行和談，並最終說服了蕭太后和耶律隆緒母子。然後，王繼忠寫信給趙恆，透露了遼帝國的彈性態度，趙恆遂派遣代表曹利用前往遼軍司令部磋商。

曹利用返回後彙報說，遼帝國提出了土地②要求。趙恆表示，國土不可以割讓，但宋帝國願每年向遼帝國進貢，以為補償。只要歲幣在一百萬以下，即可議和。得到元首指示，曹利用再次前往遼軍軍營談判。臨行前，寇準私下嚴令曹利用，說：「雖有聖旨，但你敢超過三十萬歲幣，看我不砍下你的人頭！」到了遼軍司令部，曹利用只得堅持寇準既定的談判條件，蕭太后和耶律隆緒不肯接受。曹利用提醒說：「如果和解不成，就只有戰爭。但你們不要忘了，我們現在是一個統一的帝國，已不似從前的南北分裂狀態。更何況，我們皇帝這次又御駕親征，士氣十分激昂，宋遼開戰，你們未必一定能勝。即便有所收穫，那也是掠奪一線的將士受益。而宋帝國進貢，則是把三十萬歲幣直接送到陛下手中。這是坐享其成的好事，何去何從，還望謹慎定奪。」蕭太后與耶律隆緒一聽，是這麼個理兒，便欣然接受。於是議定：宋帝國每年向遼帝國進貢銀幣十萬兩，絹緞二十四萬匹。隨後，兩國代表對天盟誓，正式簽訂了城下和約，史稱「澶淵之盟」。

城下和約的簽訂，使遼帝國不出一兵一卒，不張一弓，不發一箭，每年就得歲幣三十萬。對於經濟落後的游牧民族來說，這頓免費的午餐，堪稱奢侈無比。因為所得甚巨，遼帝國即使使勁揮霍，內府庫存仍堆積如山。也由此，宋遼兩國保持了一百二十年的長期和平。從某種意義上來說，這和平何嘗不是宋帝國用金錢買來的？

中國歷史上，從無一個統一的大帝國，卑躬屈膝地向一個文化低下的邊區國家進貢，但宋帝國卻這麼做了。然而，宋帝國的卑躬屈膝之舉，卻得到一個意想不到的效果。相關話題，我們將放在「女真之金」一節來說。

①即幽州、薊州、瀛州、莫州、深州、檀州、順州、新州、媯州、儒州、武州、雲州、應州、寰州、蔚州、朔州；分別是現在的北京、天津薊縣、河北河間、河北任丘、河北琢州、北京密雲、北京順義、河北涿鹿、河北懷來、北京延慶、河北宣化、山西大同、山西應縣、山西朔州東、河北蔚縣、山西朔州。燕雲十六州被石敬瑭割讓給契丹後，直到朱元璋時，明朝大將軍徐達北伐，才算還我河山。算下來，燕雲十六州脫幅已達四百三十二年。

②這裏的土地是指莫州和瀛州，它們是燕雲十六州中的兩個州，由後周皇帝郭榮北伐時收復。契丹人將這一地區稱做關南。

西羌之夏

陌生的土地　對中國人而言，西夏之陌生，甚於遼金。但西夏給宋帝國所帶來的戰爭重創，一點也不亞於遼金。中國人的意識上，遼金之所以比西夏更凸顯，想來源於文學作品的功力吧。宋帝國與遼金的戰爭，北宋有楊家將，南宋有岳家軍，楊岳兩門的故事，或演義或戲曲，把遼金兩朝也給帶了出來。西夏就沒有這樣的文學殊榮與歷史機遇，一提起它，我們會陡增陌生感。

以宋帝國為座標，那一時代的華夏大地上，實際是另一個版本的三國，即宋帝國、遼帝國、西夏帝國。後來，遼帝國被金帝國取而代之，仍然維持三足鼎立的局面。西夏的全盛時期，其疆域包括今天的寧夏全部、甘肅大部、陝西北部、青海東部以及內蒙古的一些地區。

我們前文說，在中國人的意識裏，西夏比遼金陌生。在我看來，其實還有一層原因，即政治心理因素。站在宋帝國的角度（這何嘗不是傳統的中國角度），塞北的耶律一族所建立的遼帝國，比中原的趙氏一族所建立的宋帝國，要早四十多年，在政治認同上，不存在心理障礙。無論為了什麼，雙方釁事一起，出戰即意味著愛國，這恐怕是楊家將與岳家軍得以渲染近千年的一個原因。然而，宋夏之戰就沒有這樣的禮遇。你記得中國人給哪位與西夏作戰的宋帝國將軍樹過碑、立過傳？全是敗將之名，丟不起那個人！更丟人也更敏感的是，西夏是從宋政府手裏獨立出去的；這個離家出走的壞孩子，常常反手攻擊故人，逼得宋政府不得不以數目龐大的歲幣予以所謂的恩賜，才算相安無事。這些丟臉的

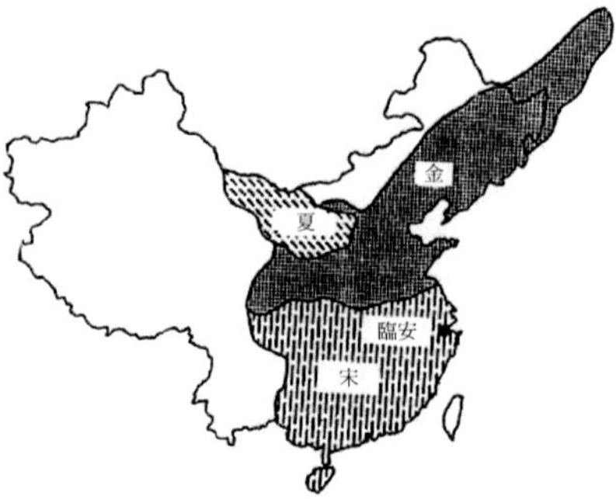

南宋時期的三國關係圖

北宋疆域

事，能說、能寫、能傳、能唱嗎？因其不能，西夏這塊土地，以及生活在這塊土地上的羌民族，才為中國人所陌生。

西北邊陲的噩夢　西夏更深的歷史淵源不必去說，單說羌族分支的党項人李彝興、李光睿、李繼筠①祖孫三代的時候，西夏作為宋帝國藩鎮，子承父業，代代相傳為定難戰區司令，他們與帝國政府的關係，還算是穩定的。然而，平穩的日子僅僅維持了二十五年，就被李氏家族的另一分支李繼遷、李繼沖兄弟打破了。九八五年，這兄弟倆把臉兒一抹，設計伏殺了宋帝國大軍區司令曹光實，並實際掌控了西夏，宋帝國西北邊陲的噩夢大幕，由此拉開。

李繼遷死後，其二十三歲的兒子李德明接過西北邊陲的管理大權。當時的宋政府正專力抵禦遼帝國的軍事進攻，不想再生內患，於是極力籠絡李德明，封他為西平王，行夏州（今之陝西橫山縣西）刺史之職，並授檢校太師兼侍中，賜上好金銀絹茶一大批。同時，詔令李德明，或子或弟，派幾個到中央政府所在地開封，享受皇恩。李德明當然不願意把自己的親屬弄去當人質，他接下一頂大似一頂的烏紗帽，收下一波大似一波的恩賜，惟獨把人質令，原封返回。李德明婉拒人質令的同時，還派人入京，獻御馬二十五匹。這邊安頓下宋帝國中央政府，李德明的臉兒一轉，又示好於遼。遼帝國自然以上國自居，封李德明為大夏國王。腳踏兩隻船的西夏，在三邊關係中，可謂漁翁得利。

後來，宋遼簽訂城下和約，李德明更是兩邊稱臣，左手拿宋帝國的恩賜，右手拿遼帝國的恩賜。成為冤大頭的宋遼兩國，明知被李德明所耍，但為了各自的利益，也只好睜一隻眼閉一隻眼。即便明知西夏人在邊境地區走私，以及大賣青鹽、糧食等違禁品，甚至西夏軍隊攔截來自西域的商人和使團，明搶貢物和珠寶，宋遼兩國依舊是充耳不聞，任其所為。西夏由此慢慢坐大。

噩夢之果　如果說李德明是宋帝國西北邊陲那場噩夢的開始，那麼李德明之子李元昊，則是這場噩夢的果實。一〇三二年，李德明病逝，其子李元昊②繼位。這個三十歲的西夏新主雄心勃勃，他登上政治舞臺，即開始使用自己的年號。這意味著，他要脫離宋帝國中央，正式獨立建國了。與此同時，他把陷落在回紇部落手中一百餘年的河西走廊全部征服，並定都興慶，即今之寧夏銀川。一〇三八年，李元昊正式宣布建立西夏帝國，他自己則為首任皇帝。華夏版圖上，遂出現第三個國家。

宋帝國當然不能容忍李元昊這種明目張膽的獨立行為，皇帝趙禎針鋒相對，頒布了三道指令：一、削奪李元昊的官爵；二、斷絕宋夏貿易；三、凡擒殺李元昊的人，就命他取而代之為定難戰區司令官。這給李元昊帶來一連串的激烈反擊，他首先派遣使臣，把宋帝國賜予的旌節和誥敕皆封匣送回，書表措詞盛氣凌人。隨之，西夏兵團於一〇四〇年進攻陝西延州，也就是現在的延安。兩軍交戰，宋軍大敗，主將被擒。就在這種情況下，宋帝國中央政府仍任命文職大臣韓琦與范仲淹，到西境主持軍事，這為更大的災難埋下伏筆。

一〇四一年，西夏兵團進攻甘肅渭州，正在寧夏鎮戎巡視的韓琦派大軍迎戰，結果全軍覆沒，造成一萬零三百名宋軍戰死。韓琦狼狽逃回，陣亡將士的家屬數千人攔住馬頭，哀號招魂：「親人吶，你們隨司令官出征，平平安安而去；如今，司令官回來了，可你們安在？願你們的孤魂，也隨司令官一同回家！」哭聲震天動地，令人不勝悲哀。一〇四二年，兩軍在鎮戎再度會戰，宋軍再度大敗，九千四百餘人，不是戰死就是被俘。

一〇四三年春，由於連年征戰，西夏國力日臻衰竭，李元昊趁機派出使臣，上書宋帝國，意在和談。宋政府堅持要李元昊自削帝號，李元昊則說，寧肯自稱兒皇帝，也不削帝號。權衡利弊，宋政府勉強接受，於當年夏天，派使臣到夏州，冊封李元昊為西夏國主。次年，宋政府就半遮半掩地承認了西夏的獨立地位，並每年向西夏帝國繳納綢緞十三萬匹，銀幣五萬兩，茶葉兩萬斤。每年節日如元旦，或宋帝國皇帝生日，再追加綢緞二點三萬匹，銀幣二萬兩，茶葉十萬斤，銀器二千兩。為了面子，宋帝國堅稱上述繳納是一種賞賜，而且只承認李元昊是西夏國王，不承認他是西夏皇帝。

宋帝國在西夏那裏吃盡苦頭，但不知為什麼，腦子裏總保留著它小而且貧的印象，一有機會，就蠢蠢欲動。一〇六七年，西夏帝國的權力，落到李元昊七歲的孫子李秉常肩上，但由梁太后垂簾聽政。宋帝國皇帝趙頊意識到，西夏帝國正值孤兒寡母執政期，是個一雪國恥的大好時機。我們依舊不知為什麼，趙頊的計劃到一〇八一年七月才實施（宋帝國「賞賜」西夏的歲幣，已先行停止）。更不能理解的是，趙頊發五路大軍伐夏的藉口，竟然是李秉常被囚。

趙頊的蠢動，激起西夏人的猛烈反撲，他們以黃河為作戰工具，實施決堤放水，一次就淹死宋軍二十多萬人。第二年秋天，西夏攻陷陝西永樂城，宋帝國守軍和居民二十多萬人盡皆覆沒。僅兩年之間，兩場戰爭，便奪去宋帝國六十萬軍民的生命，這未免也太誇張了。至於因戰爭而派生出的各項花費，就更難以計數了。一〇八五年，以為西夏孤兒寡母政權好欺負的趙頊撒手人寰，年僅三十六歲。之後，宋帝國恢復對西夏帝國的「賞賜」，兩國再次和解。

無論是從戰爭傷亡的角度，還是從財政損耗的角度，既小且窮的新興帝國西夏，對宋帝國的傷害，十倍於遼帝國。當時的宋帝國，堪稱世界科技強國，在西夏面前，卻如此不堪一擊。究其原因，這當然源於宋帝國的立國精神，他們為了保住趙姓皇權，不惜冒險解除了帝國武裝（詳見第一章）。這麼幹的好處是，軍人失去了政變的資本，但同時也伴以巨大的壞處，即軍隊徹底喪失了衛國的能力。這樣的軍隊，即使不是烏合之眾，至少也顯屬綿羊軍團。宋帝國把這樣的軍隊投入戰場，等於把羔羊驅入狼群，結果如何，也就可想而知了。

①李氏一族，原姓拓跋，九世紀時，因幫助唐帝國政府討伐黃巢有功而被賜以皇姓——李，其酋長拓拔思恭也被委任為定難戰區司令官，從此世代承襲此職。

②借助注釋，我們為李元昊做個素描。㈠稱帝前，李元昊已對西夏內部進行了有效清洗，凡對他有威脅的部族首領，甚至連其生母、親叔、衛慕妃、衛慕妃為他生的兒子等等，一併趕盡殺絕；㈡李元昊為太子寧令哥娶妻，婚禮上，他見新娘如花似玉，便當場宣布納兒媳為妃，這比唐帝國皇室上演的「養在深閨人未識」醜劇還赤裸；㈢寧令哥恨透色魔老爸，於是在一〇四八年元宵，趁其不備，持刀割下李元昊的鼻子。未幾，李元昊在極大的痛苦中，因失血過多，加之感染，一命嗚呼，終年四十六歲。李元昊一生不知割了多少敵人的鼻子（這是西夏人的作戰傳統，以此統計殺敵數量），臨了，他的鼻子卻被兒子活活割去，大概這也叫輪迴報應吧。通過這段文字，可以幫助我們更好地認識李元昊這個人。

女真之金

天上掉餡餅 我們在「契丹之遼」一節，埋下一個話題，大意是說，趙宋帝國的軍旗不僅從未在北方草原上展開過，相反，還要向那裏的狼群定期投放免費的午餐，即歲幣。又說這本來的卑躬屈膝之舉，卻換來一個意想不到的效果。那麼，這意想不到的效果究竟是什麼呢？那就是宋帝國用不計其數的財富，將敵人撐死。北宋撐死一個遼帝國，南宋撐死一個金帝國。當然，這只是一個抽象的說法。具體而言，須到下面的文本裏去慢慢體會。

我們不妨倒回去，先從遼帝國末代皇帝耶律延禧說起。如果從一〇〇四年的宋遼城下和約算起，到耶律延禧這裏，遼帝國已坐享宋帝國的財富，達百年之久。不勞而獲的財富源源不斷地湧來，把遼帝國君臣上下的惰性慢慢養了出來，進而鬥志全無，一個個掉進溫柔鄉裏，奢侈糜爛，無所作為。

耶律延禧是吃著宋帝國奶水長大的一代，他們生下來，就沉浸在無比優越的生活中。他們涉世之後，從長者驕傲的口吻裏，獲知那些錦衣美食，那些金銀珠寶，皆由南邊的宋帝國供奉。這就是說，遼帝國無須南征北討，不必習武練兵，睜開眼就有享用不盡的財富。中國人常說天上不會掉餡餅，可遼帝國的天上，一連掉了百餘年的餡餅；那餡餅之大，足以撐死整個遼帝國的執政集團。而這巨大的餡餅，就由宋帝國監製和輸送，用當下國際社會最流行的一句話來形容，就是made in china。難怪耶律延禧的爺爺耶律洪基（遼帝國第八任皇帝）曾經有言，說：「願後世生中國。」他以為南方的土地上，不淘金自出，不耕糧自產。他哪裏知道，那些令人胃口大開的餡餅，是用宋帝國人民的脂膏製成的。只有身在其中，才知道那些餡餅的分量與真味。

連耶律洪基這代皇帝都沒有宋帝國人民的視角，耶律延禧就更沒有了，他惟一的就是歌舞昇平，醉生夢死，尋歡作樂。比如說他有一嗜好，就是愛玩海冬青。這是一種有名的隼類猛禽，由人飼訓後，它可以直飛霄漢，一旦鎖定目標，即會箭一般俯衝下來，以利喙啄落天鵝。海東青產於遼帝國的女真①地區，耶律延禧每年都派銀牌天使前往搜羅。中原政權的欽差大臣代表皇帝視察地方時，都會刮地皮。遼帝國的欽差大臣也不例外，他們以徵調海冬青為名，大肆搜刮勒索女真族，且公然姦人妻女。

遼帝國中央大員把地方當成了聚寶盆、洩慾地，劫財劫色兩不誤，其暴行日積月累，終於把女真人心中的那把乾柴給點燃了。一一一四年，女真族裏的完顏部落，迎來一位新酋長，他就是阿骨打。同年冬天，這位以開拓與反抗見長的部落酋長，竟然招募了兩千五百女真人，起兵反叛，初戰即大破萬餘政府軍。耶律延禧盛怒之下，親率七十萬大軍前去圍剿。完顏阿骨打的起義部隊，在行軍途中，如滾雪球般，很快壯至兩萬兵力。兩軍相會，勇悍善射的女真戰士以一當百，把中央軍殺得屍橫遍野，耶律延禧也倉皇逃竄。一一一五年一月，完顏阿骨打宣布，金帝國成立。

之後，金軍用了不到十年的時間，徹底將前政府的殘餘勢力予以剷除。建國兩個世紀的遼帝國，走得竟如此匆忙，幾乎沒有徵兆，也沒有準備。曾經不可一世的遼帝國，被東北一隅荒蠻、貧窮、落後的女真部落取而代之，看上去，怎麼都像是一個神話。但我們說，這除了女真人的勇猛頑強之外，更多的恐怕還要歸功於宋帝國，是它的長期懦弱，讓遼帝國失去對手，喪失方向，進而麻痹警覺，磨滅鬥志（這就像古希臘的伊庇魯斯王所說的：「哦，又是大勝而歸，真讓我迷失。」）；是它百餘年的免費午餐，把遼帝國軍人一個個養得慵懶肥膩，最終連戰馬都跨不上去；是它的巨大財富的輸入，讓遼帝國失去了創造力和進取心。這百餘年間，宋帝國用軍隊征服不了的敵人，卻歪打正著地用財富把敵人給征服了，我們也可以把它稱之為「以腐敗遼」（南宋則是「以腐敗金」）。宋帝國這意外的收穫儘管是無意識的，但後世卻不能忽視這內在的歷史教訓。不幸的是，取而代之的金帝國重蹈覆轍，亦走上一條不歸之路。

非常戲劇的是，宋帝國每年給遼帝國的歲幣，未因遼帝國的滅亡而中斷，而是轉手進貢給了金帝國。即使如此，金帝國也不買賬，滅遼未幾，他們的鐵蹄一路南下，又滅了宋帝國。趙宋皇室，被連鍋端到東北，惟漏網之魚的趙構跑到江南，他在那裏建立起一個新的中央政權。史學家把趙構政府稱之為南宋，追認其前身為北宋。

退到江南後，南宋政府並沒有痛定思痛，他們依舊抱殘守缺，苟且偷安；依舊卑躬屈膝，用他們特製的餡餅，把金帝國貴族、官吏以及士兵的奢侈淫惰之情，一天天餵肥養大，把女真人驍勇善戰的原動力徹底打磨乾淨。這些舉動並非來自什麼經驗，和北宋一樣，都是無奈使然。當蒙古人向金帝國發動進攻，並占領其東北故土和黃河以北領地時，女真人竟想南攻，以圖奪取南宋土地作為補償。可惜的是，百年之間，南宋帝國已把金帝國統治集團餵養得腐敗不堪，此時的他們已無力做非分之想，最終被同是馬上民族的蒙古人所滅。我們仍然不得不說，倘若不是南宋帝國金錢與物質的長期腐化，蒙古人想滅掉金帝國，也絕非易事。

餡餅怎麼吃　上文提到，宋帝國製造的餡餅，源源不斷地輸入遼金。而這個過程，我們卻不曾交代。以南宋貢金為例，照例，每年先送銀一百錠、絹五百匹，過淮河見金帝國官員（宋金以淮河為界），這一過程稱之為呈樣。用今天的話說，就是請對方進行質檢。經金帝國邊防官員檢驗認可，到期由獻幣官員帶將官一人、士兵三百人，押民夫搬運銀、絹到淮河北岸交割。

通常情況下，金帝國邊防官員都要趁機勒索，藉此大發南宋的國難財。這樣一來，雞蛋裏面挑骨頭的事，也就演化為納貢程序的一部分。金帝國的邊防官員，動輒就說銀質如何如何不好、絹質如何如何存在瑕疵等等。每年的歲幣，十退八九，純屬正常。無奈之下，宋帝國的獻幣官員只好賄賂金帝國的邊防官員，一般是銀一千三百兩，金三十五兩，木棉三十六匹，白布六十二匹，酒三百多石（布和酒，可折銀六百二十兩），本色酒兩千六百瓶，茶果雜物無數，又貼耗銀兩千四百兩。往返數月，金帝國邊防大小官吏索賄滿意，才肯通融收受，但仍退四五。民夫連夜搬回南岸，再行換取新幣新絹，也再賄賂金帝國的邊防官吏。這令人傷透腦筋的獻幣工作，幾乎就是有頭無尾，常常是舊賬未了，新賬又來，等於全年都在運作之中。金帝國的邊防官員，也就藉此敲詐勒索，以期隨時獲得對方的賄賂。

歲幣之外，每逢金帝國皇帝的生日，宋帝國還要派遣使節前去祝賀，每次帶去金製禮物一千兩，銀製禮物一萬兩，彩緞一千匹，其他香茶、藥料、果子、錢、帛等雜物無數。如果所派不是使節，而是皇帝特使，禮物還要加倍。

金帝國皇帝完顏宗弼臨終時對自己的將帥說：「江南每年進貢那麼多的金銀珠寶絲絹雜物給我們，對於那裏的百姓，還不等於敲骨剝髓！天長日久，人心離怨，必定要滅亡。我們應該藉他們的教訓，來警示自己，不要犯同樣的錯誤。」金帝國是沒犯宋帝國那樣的錯誤，但他們卻掉進了驕奢淫惰的陰溝裏。完顏宗弼沒想到的是，驕奢淫惰比敲骨剝髓，更易亡國。

①女真分七個部落，小部落數百戶，大部落數千戶，酋長按期推選。明初，女真分列為十個部落，復又被努爾哈赤統一，建立後金，其子皇太極即位後，改稱清帝國，南侵滅明，入主中原。

蒙古之元

無以復加之弱　我們現在要說的，是宋帝國以北的第四波狼群——蒙古人①。一二〇六年，在開封西北方向一千多公里處的浩瀚沙漠裏，準確地說是在鄂嫩河上游，金帝國版圖上的蒙古諸部落，推選出一位部落聯盟首腦（蒙古人稱大可汗），他就是孛兒只斤部落五十二歲的鐵木真。在盟會上，鐵木真將大可汗改為成吉思汗，意為海洋皇帝。蒙古部落聯盟由此脫離金帝國中央，而成為一個統一的國家。

歷史的相像，相像之逼真，有時達到驚人的地步。女真作為遼帝國的一個部落，先是脫幅而去，進而推翻了它原來的主人，建立金帝國；蒙古作為金帝國的一個部落，同樣先是脫幅而去，進而推翻了它原來的主人，建立蒙古帝國②。北方的馬上民族，此起彼伏，可以說是雖滅猶榮，因為他們曾經主宰過自己，也主宰過南邊的宋帝國。比較而言，宋帝國卻沒有興亡各半的均衡，他們有的只是對於北方馬上民族的低聲下氣。全宋三百二十年，北方的權力寶座，就像走馬燈一樣，頻繁地換來換去。但無論哪個部落登上這個權力寶座，宋帝國都扮演挨打、進貢的角色——北宋時，面對的是遼帝國與西夏帝國的侵擾與打壓；南宋時，面對的是金帝國與蒙古帝國的侵擾與打壓。最終，金帝國滅了北宋，蒙古帝國滅了南宋。歷史給南北兩宋開了如此大的一個玩笑，一切都那麼地對稱，就像是刻意安排好的。

宋帝國的角色，使我想起《目蓮救母記》裏的武松打虎戲，說來很有意思。甲乙兩人，互扮武松與老虎。先是甲扮武松，

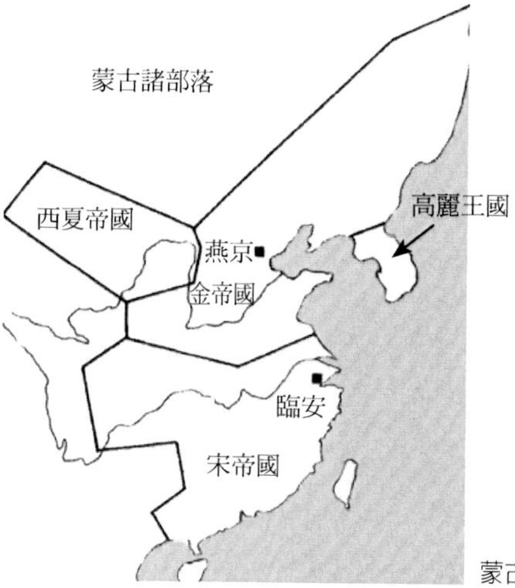

蒙古的出現

乙扮老虎。乙被甲打得要命，便埋怨甲，甲辯護說：「你是老虎，不打不是給你咬死了？」乙要求互換，卻又被甲咬得喊救命，乙便再次埋怨甲，甲又辯護說：「你是武松，不咬不是給你打死了。」宋帝國就是這裏的乙，一個永遠被動挨打的角色。吃了虧，卻只會埋怨對方，而不是自省，挨打就活該。金帝國初次南侵時，趙佶皇帝就埋怨說：「想不到女真竟敢如此無禮！」埋怨完了，依舊渾渾噩噩，終至北宋亡國。南宋時就更離譜了，趙構後期，宋金力量大翻盤，呈現宋強金弱之勢，可宋帝國仍舊向金帝國稱臣納貢，屈膝受辱。也就是說，宋帝國當孫子當慣了，橫豎都不想稱霸的。再說，他們的骨子裏，早已沒有了稱霸的基因。南宋帝國苟且偷安的毅力如此之強，你不佩服都不行。

說到中國的帝制史，人民痛斥腐敗無能的政府，矛頭往往指向慈禧時代的清帝國。回溯歷史，我們才發現，宋帝國之弱，之腐敗無能，以及它應得的恥辱，遠在清帝國之上。慈禧向世界宣戰，八國聯軍還沒進北京，她和皇室一族，拔腿就去了西安，在那裏照舊享受宮廷應有的一切待遇。風平浪靜之後，她和她的皇族，照舊回京主政中國，照舊奢侈糜爛。趙宋皇室一族就沒有這麼幸運，他們不僅亡了國，還亡了族。北宋的兩個皇帝，及其皇親國戚數千人，統統被俘擄到金人的老家東北，他們在那裏受盡凌辱，終而慘死異鄉。世界史上，再也找不出第二例類似亡國亡族的案例了。宋帝國之弱，無以復加。

中原再聞鐵蹄聲　契丹人、女真人、蒙古人，雖然都起步於塞北部落，但根本上還是不同的。前面兩個民族的勢力範圍，最多只抵達過本土之外的淮河流域。蒙古人就不同了，他們具有稱霸世界的戰略構想與實際行動，而中國（宋、金和西夏三國的統稱）只是他們這一宏偉計劃上的最後一環。一二二七年，西征回軍後的蒙古兵團，開始攻擊西夏帝國。因蒙古人在這裏遭到頑強抵抗，當西夏末代皇帝李晛投降時，鐵木真並沒有給他俘虜般的待遇，而是將其及皇族盡皆處斬。西夏這個曾使宋帝國精疲力盡的小邦，至此滅亡。未幾，鐵木真去世。一二二九年，鐵木真的第三子窩闊臺繼任大可汗。

一二三一年，窩闊臺開始進攻金帝國。一二三三年春天，金帝國末代皇帝完顏守緒御駕親臨黃河以北，卻受到當地人民的冷落，他的軍隊因缺乏後勤支援而陸續潰散，他只好撤退到開封以東一百三十公里外的歸德（今之河南商丘）。金帝國大將、開封留守長官崔立③，遂發動兵變，投降蒙古，並全數獻出完顏皇族包括皇后、嬪妃、親王、公主、駙馬等及王公大臣妻女，共五百多人。這恰是一百零六年前，金帝國滅北宋時的情景再現，就在此城此宮，北宋官員全數獻出趙姓皇族及大臣家眷（更巧的是，金帝國后妃、宗室婦女，和趙宋皇室女性一樣，也是先被押至開封城外的青城），他們北上後的命運，盡人皆知。完顏皇族被送到北方沙漠後，命運幾何，我們卻不得而知。

因歸德距敵太近，又缺衣少糧，完顏守緒只好繼續南逃。就在這時，蒙古軍隊遭遇補給困境，於是提出與南宋聯盟，共同對付金帝國。對於南宋來說，這當然是千載難逢的大好時機，得以一雪國恥。南宋帝國毫不猶豫，便與蒙古帝國簽訂軍事同盟協議，其中包括：滅金之後，南宋收回淮河以南被金帝國強行占領的地區；南宋則負責蒙古帝國在作戰中的後勤保障；宋、蒙兩國，以淮河為界。

完顏守緒逃到河南蔡州（今之河南汝南）後，六個月裏不見蒙古兵團的蹤影，大小官員便想當然地認為，蒙古人會放過他們，於是舊習重演，繼續他們紙醉金迷的腐爛生活。正當完顏守緒準備挑選美女、興建宮殿的時候，蒙古兵團已抵達城下。南宋兩萬人的部隊，在大將孟珙率領下，押三十萬石後勤補給，同期抵達。就在宋、蒙聯軍籌劃攻城之際，完顏守緒召集群臣開會，把帝位匆匆讓給了負責城東防禦的元帥完顏承麟。他沮喪地對承麟說：「我身體肥胖，行動不便，現在把社稷託付於你。你體態靈捷，又有將略，萬一能突圍，大金香火不致斷絕，我死亦瞑目了。」

一二三四年一月，宋軍登城成功，與金軍展開激戰，兩百多名金軍將帥繳械投降。此時此刻，蔡州城內的金帝國百官，正拜賀新帝完顏承麟。登基大典剛完，承麟正準備御駕親征，南城城頭已樹起南宋旗幟。守城的金兵見狀，狼狽逃竄。完顏守緒知道大勢已去，決定了結自己的生命，遂對侍從說：「我死之後，你們趕快把我的屍體焚化，以免落到敵人手裏。」說完，自殺身亡。一旁的一百多位金軍將士不勝悲痛，他們說：「君主已去，我們活著何用？」遂也一一自殺，追隨完顏守緒而去。頑強抵抗的完顏承麟，則被亂軍所殺。金帝國至此而亡。

南宋的表演　金帝國之亡，使南宋成為戰勝國之一。壓抑了一個多世紀的南宋，心情終於得以舒展；百餘年的血海深仇，也終於得報。尤令南宋人激動不已的是，前敵司令孟珙，把完顏守緒的部分骨骸也帶回首都臨安（今之浙江杭州），祭祀於皇家祖廟。

當南宋舉國狂歡的時候，有人忠告當局，眼下的情勢，跟當年遼帝國崩潰後的情勢完全相似。意思是說，當年金帝國滅遼後，很快又滅了北宋；今天蒙古帝國滅金後，同樣會很快滅南宋。但臨安當局認為這是唱衰南宋的論調，不予理會。不僅如此，南宋還在一二三四年六、七兩個月，趁蒙古帝國不備，收復了三京，即東京開封、西京洛陽、南京商丘。按照宋、蒙達成的同盟協議，滅金後，兩國仍以淮河為界。換句話說，黃河以南淮河以北的三京地區，今屬蒙古帝國，你南宋復之，也就等於叛盟。結果可想而知，蒙古兵團迅速反擊，奪回三京。南宋以損兵折將十萬餘人為代價，結束了虎口奪食的鬧劇。

我們有理由相信，若不是蒙古帝國正準備對西方

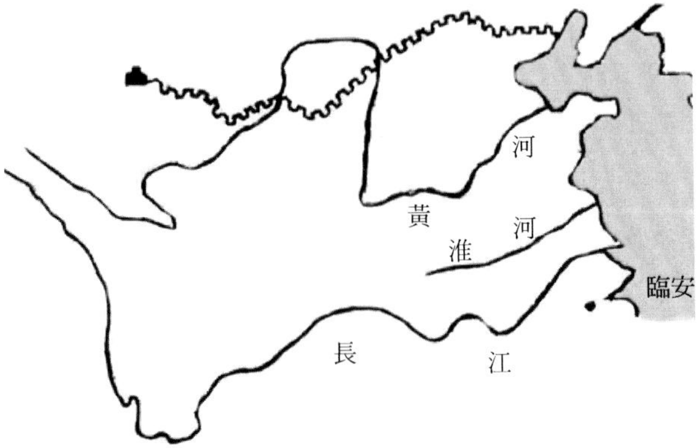

黃淮地區圖

世界發動新的征伐，南宋早已被滅。

直到二十五年後，即蒙古帝國第三次西征結束的一二五九年，他們才對南宋帝國做了結性進攻。當忽必烈的軍隊渡過長江，抵達鄂州（今之湖北武漢）城下時，南宋政府命宰相賈似道前去救援。面對強大的敵人，賈似道惟一能做的，就是秘密派遣使節向忽必烈乞求和解，承諾：南宋自降為藩屬，向蒙古國稱臣；以長江為界，南宋割讓江北全部土地給蒙古帝國；南宋每年向蒙古帝國進貢銀幣二十萬兩，綢緞二十萬匹。

恰在此時，傳來蒙古大可汗蒙哥逝世的消息。忽必烈為了趕回去參與大可汗的推選，他只好接受了賈似道的和解條件，隨之匆匆撤軍。這突如其來的變數，立刻緩解了南宋的軍事壓力。賈似道為了顯示他蹩腳的軍事才能，立即下令截殺蒙古殿後的散兵游卒，用他們的人頭作為戰果，向首都臨安告捷。就在南宋舉國歡慶勝利的時候，蒙古帝國的使節郝經來到臨安，就履行和約的細節進行溝通。賈似道知道，他與蒙古人達成的和約是秘密進行的，不能示人。於是立即把郝經逮捕，並秘密囚禁。南宋再次叛盟。當年，北宋與金帝國聯盟滅遼後，因為叛盟而讓金帝國找到藉口，把它一舉滅掉。今天的南宋，不汲取歷史教訓，一而再地叛盟，也實在是愚蠢到家了。

忽必烈率軍北返，行至內蒙古開平，即迫不及待宣布繼任大可汗。然而，皇族會議在蒙古和林，已選舉忽必烈的弟弟阿里不哥為大可汗。於是，蒙古帝國上演了同室操戈的一幕，兩個大可汗當即開戰，最終阿里不哥戰敗。一二六四年，忽必烈把首都從和林遷到燕京，不久改名大都。

賈似道的叛盟，以及對使節郝經的扣留，加強了蒙古帝國滅宋的決心。從一二六九年開始，他們就猛烈攻擊南宋。當賈似道統兵百萬，再次親征時，他已無機可投，無巧可取，戰無不敗使他身敗名裂，並最終死於被貶的路上。當蒙古兵團進抵臨安時，已無任何抵抗，宋政府包括宰相在內的所有官員一一逃走，剩下的謝太后和九歲的小皇帝趙㬎，只有投降。

一二七九年，蒙古大將張弘範發動海陸攻擊，南宋殘部徹底潰敗。忠於南宋皇室的大臣陸秀夫，在船上揹起新扶持的小皇帝趙昺（趙㬎的弟弟）說：「我們君臣，就是死，也絕不接受外國人的侮辱。」說完，遂一同投海殉國，南宋至此而亡。

①蒙古人居住在以不兒罕山為中心的荒漠地帶，四周有著名的鄂嫩河、克魯倫河、土拉河。其主要部落有：孛兒只斤部落（鐵木真為酋長）、主兒勤部落、泰赤烏部落、弘吉剌部落。沙漠地帶，水草有限，為爭奪資源，部落間不斷攻殺和劫掠，往往成為血海世仇。他們不但搶水草，而且搶女人，鐵木真的母親就是被鐵木真的父親搶來的，鐵木真的妻子也曾被人搶去又搶回。彼此間的暗殺行為，也是家常便飯。鐵木真的父親也速該，就是在塔塔兒部落的宴席上中毒而亡的。所有這一切因素，使每一個蒙古人，包括婦女和兒童，都保持了頑強與機警的性格。這樣的民族，一旦團結對外，即勢不可當。

②一二一〇年，金帝國第七任皇帝完顏允濟的欽差大臣，到蒙古地區巡視，他顯然還不知道鐵木真已被推舉為大可汗。欽差大臣在召集各部落酋長開會時，他命鐵木真跟過去一樣，跪拜詔書。鐵木真問：「現在誰是皇帝？」欽差大臣告訴他是完顏允濟。鐵木真不僅見過完顏允濟，更知道這是一個昏庸無道的主兒，便不由得把口水往地上一吐：「我以為是誰，原來是這個蠢貨！」罵完，便傲然馳馬而去，令欽差大臣半天緩不過神來。一二一一年，鐵木真宣布向金帝國開戰。兩年後即一二一三年，蒙古兵團全殲金帝國精銳部隊。一二一五年，中都燕京陷落。金政府南遷開封。

③崔立，金末大將。一二三二年，在蒙軍圍攻金帝國首都開封時，被任命為西面元帥；後為其將領李伯淵等所殺。

勝利者的法寶

寫到這裏，不免要問，文化低下的塞北蠻族，何以凌辱科技高度發達的宋帝國三百多年呢？想來，這除了趙匡胤一族強力推動防變政策起了反作用外，更重要的是塞北各政權充分吸收漢人和漢文化所致。我們發現，在塞北政權與宋帝國的歷次戰爭中，只要漢人城鎮被攻下，掠奪金錢、美女、文武官員的行動，與掠奪文化財產（如書籍、圖冊、曆象、石經、樂譜等等）同步進行。塞北人喜歡漢人，傾慕漢文化，到了如癡如醉的地步。

關於這一點，在本章第一節已簡略說過，這裏我們就此展開來談一下。

記得我們在「契丹之遼」一節，提到過王繼忠這個人。趙恆做王爺時，王繼忠曾為隨侍。後來在宋遼戰爭中，他不幸成為遼帝國的俘虜。王繼忠被俘後，蕭太后如獲至寶，對其善待有加，並賜宗室女孩給王繼忠為妻。一〇〇四年，遼帝國伐宋，蕭太后和耶律隆緒皇帝帶王繼忠一同出征。當蕭太后和耶律隆緒母子對攻宋持強硬立場時，是王繼忠將他們的態度軟化下來，進而以談判方式，解決了兩國的爭端。

宋、遼簽訂城下和約後，蕭太后和耶律隆緒沒有放王繼忠回歸故里的意思，他只好隨軍返回遼帝國。宋帝國一邊的皇帝趙恆，也總是念念不忘王繼忠，是他的從中斡旋，使中原人民免遭塗炭。因此，每次宋使到遼帝國，都會帶給王繼忠一份由趙恆親筆御封的上好茶葉和名貴中藥。當著蕭太后與耶律隆緒皇帝的面，王繼忠每次都是跪受賜物，表示他仍然承認舊主。蕭太后與耶律隆緒不以為猜，不以為忌，不以為防，相反還把王繼忠的所為，看作是忠義之舉。同樣的人和事，換成趙宋皇室，「猜、忌、防」三道大關，王繼忠哪一關都過不了，甚而性命堪憂。

在遼帝國，還有一個更受重用的漢人，叫韓德讓。這個人的身世更值得關注，他的祖上被契丹人從漢地掠走，送入契丹皇室為奴。到韓德讓的祖父韓知古這一代，這個不幸的家族徹底洗刷了與人為奴的恥辱史——由於韓知古深受遼帝國第一任皇帝耶律阿保機的賞識，以致他官至中書令。韓德讓的父親韓匡嗣雖然沒做什麼官，但因醫術精湛而備受遼帝國第二任皇帝耶律德光寵信。再到韓德讓本人，那變化之大，可以用翻天覆地來形容了。

蕭太后初掌國政時，曾哭著對大臣們說：「我如今是一個寡婦人家，皇帝正值年少，耶律家族的其他支系雄壯難抑。這些已經夠我頭疼的了，可遼宋邊防又頻現事端，我可怎麼辦呢！」近臣韓德讓和耶律斜軫趕忙跪下說：「太后信任臣等，何慮之有！」一向對韓德讓信任有加的蕭太后，當即把衛戍部隊司令的大權，交給了韓德讓。基於剪不斷理還亂的因素，蕭太后很快就與韓德讓同居了。其後，蕭太后更讓韓德讓擔任了南樞密院執政官。九九九年，當北樞密院執政官耶律斜軫病死後，蕭太后索性把北樞密院空出來的要職，一併交由韓德讓兼任。從此，韓德讓成為遼帝國第二個實權人物——蕭太后第一，耶律隆緒皇帝第三。

韓德讓與蕭太后的特殊關係，以及他所處的要位，使他的行事有幾分跋扈。一個叫耶律虎古的人，曾因得罪過韓德讓的父親，又趕上朝會時頂撞他這位一人之下萬人之上的宰相，韓德讓一怒之下，從衛士手中奪過一把鐵器，迎頭就把耶律虎古砸得腦漿迸飛。一位皇室貴族，就這麼慘死於中央政府的辦公會上，群臣見狀，無不戰慄。然而，蕭太后卻聽憑事態的發展，不予制止。更有一次，韓德讓打馬球，有個契丹將領縱馬衝撞，把個韓德讓摔下馬。蕭太后因為心疼韓德讓，就命人把那個冒失的契丹將領當即處斬。從這兩件事足以看出，蕭太后出於政治目的籠絡韓德讓是實，她打心底喜歡這位漢人也是實。

一〇〇四年，遼宋城下和約簽訂後，蕭太后與韓德讓雙雙回國。蕭太后為感激韓德讓伐宋有功，就賜其為耶律皇姓，封為晉王，賜以大片采邑。三年多後，五十七歲的蕭太后病死。不久，韓德讓也因悲痛過度，撒手人寰。耶律隆緒皇帝命人把這位漢人晉王，陪葬於蕭太后的墳陵。至此，韓德讓也算是哀榮至極了。

說到金帝國對漢人的重視，就更加令人印象深刻了。就說金政府官員中的比例吧，漢族為六千七百多人，而女真族為四千七百多人，顯然是漢族大於女真族。就是漢人將士在金軍所占的比例，也超乎尋常。《金史・忠義傳》載：「正大二年，哀宗詔褒死節士，若馬習禮吉思、王清、田榮、李貴、王斌、馮萬奴、張德威、高行中、程濟、姬芃、張山等十有三人，為立褒忠廟，仍錄其孤。二人者逸其名，餘亦無所考。」在這裏，金帝國皇帝所褒獎並為之立廟者，除馬習禮吉思為西域人外，餘皆漢人。由此可見，漢人將士在金軍所占的比例之大；更可以看出，這些漢人為異國所做出的貢獻，已然包括了他們的無價之寶在內，那就是一人一生只有一次的生命。

漢人何以為金人赴湯蹈火呢？那是因為，金軍占領區裏的漢人，被南宋、被自己的政府拋棄太久的緣故。時間長了，北方漢人一代代忘卻了國仇家恨，民心轉向，自然奉金帝國為正朔。這就像民初的時候，一些漢人捂著腦後的大辮子不讓割，說這是老祖宗留下的，不可擅改；也像一些漢人知識分子，搖頭晃腦地大談「我們的祖宗忽必烈」等等，都屬於被異族奴役得太久而忘本源這類情況。話又說回來，宋政府拋棄了自己的北方百姓，偏安江南去紙醉金迷，那麼百姓還有什麼理由不拋棄這惡政府呢？又有什麼理由不與占領當局合作，畢竟還要過日子呀。久而久之，占領者與被占領者融為一體，關鍵時候，風雨同舟也是情理之中的事，因而也就無可指責。更何況，漢族人才是受到女真執政當局重用的呢？

最後，我們來說說西夏人是如何重用漢人的。李元昊繼位後，他的政府由漢人、党項人統管，並分設蕃學和漢學，以期培養後備人才。同時，他還擁有一個由漢人組成的智囊團，他們是張陟、張絳、楊廓、徐敏宗、張文顯、張元、吳昊。尤其張元與吳昊這兩個久試不第的讀書人，他們叛逃西夏後，李元昊不猜不忌不防，將二人聘為軍師。張、吳二人雖是書生，卻熟知中國歷史和軍事戰略，他們力主李元昊進取關右之地，占領關中，向中原腹地挺進。

一〇四一年，李元昊採納了張、吳二人的策略，宋夏雙方於是決戰好水川。這場戰爭，宋軍前後損失任福等多名大將，士卒死傷七萬多。西夏軍大捷，張元看見好水川內遍布的宋軍屍體，得意異常，他在界上寺牆壁上題詩自美，並在詩後題言：「太師、尚書令、兼中書令張元隨大駕至此。」七萬多同胞的屍體，成就了張元在西夏的功名。正所謂：「莫道書生空議論，頭顱擲處血斑斑。」

本節所提到的幾位漢人，與宋帝國鼎鼎大名的文臣武將們比，不知要差到哪裏去，但這些人僅僅受到異邦皇室的重用，就取得立世之功。宋帝國的文臣武將就沒有這樣的機遇，他們有的只是被猜忌、被排擠、被物化、被腐化，然後像敗葉一樣，跟著沒落的趙宋皇室一同被掃地出門。我們說，全宋三百多年統統敗給北方四國，敗就敗在這些地方。

第三章
寂寞的宰相

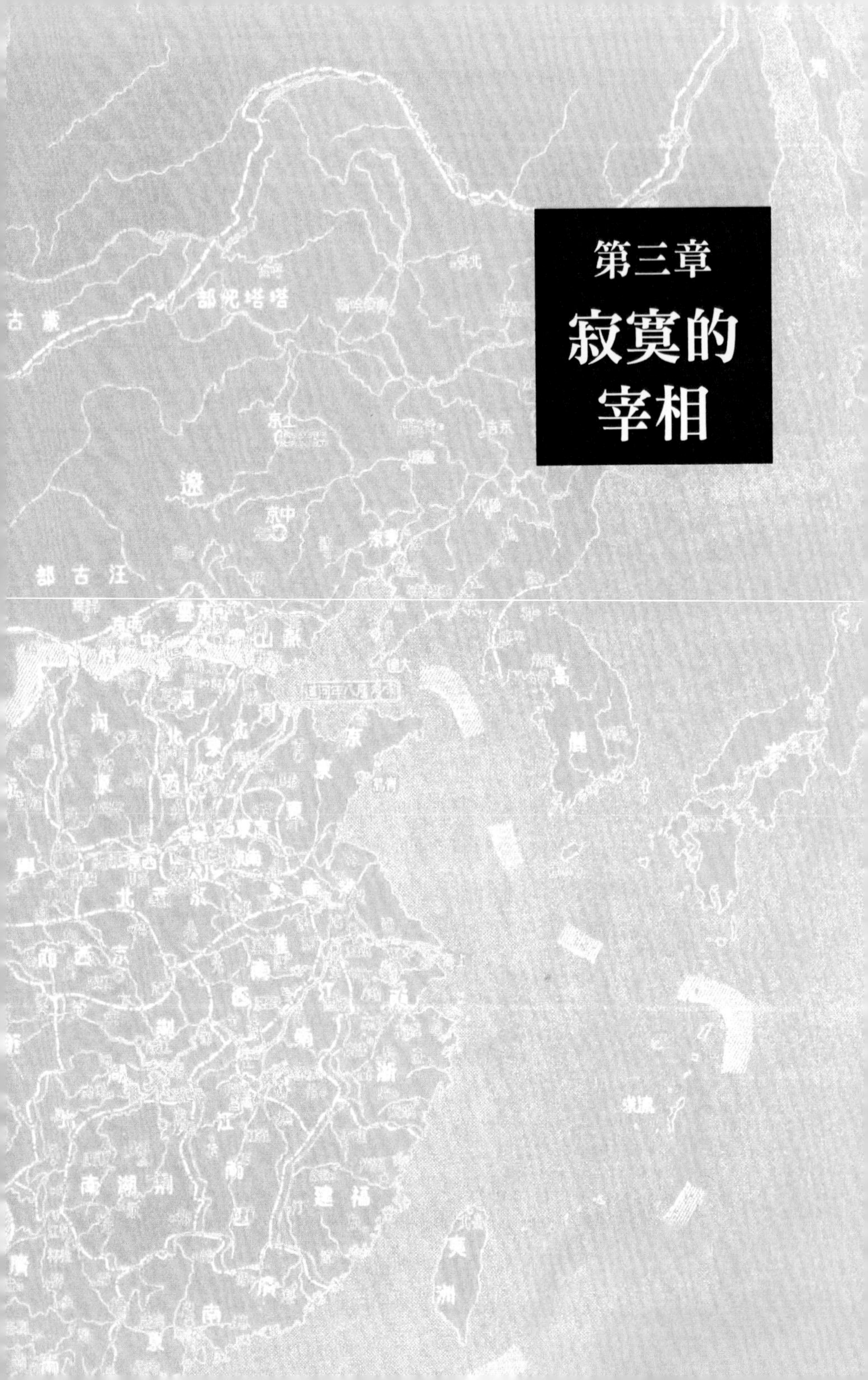

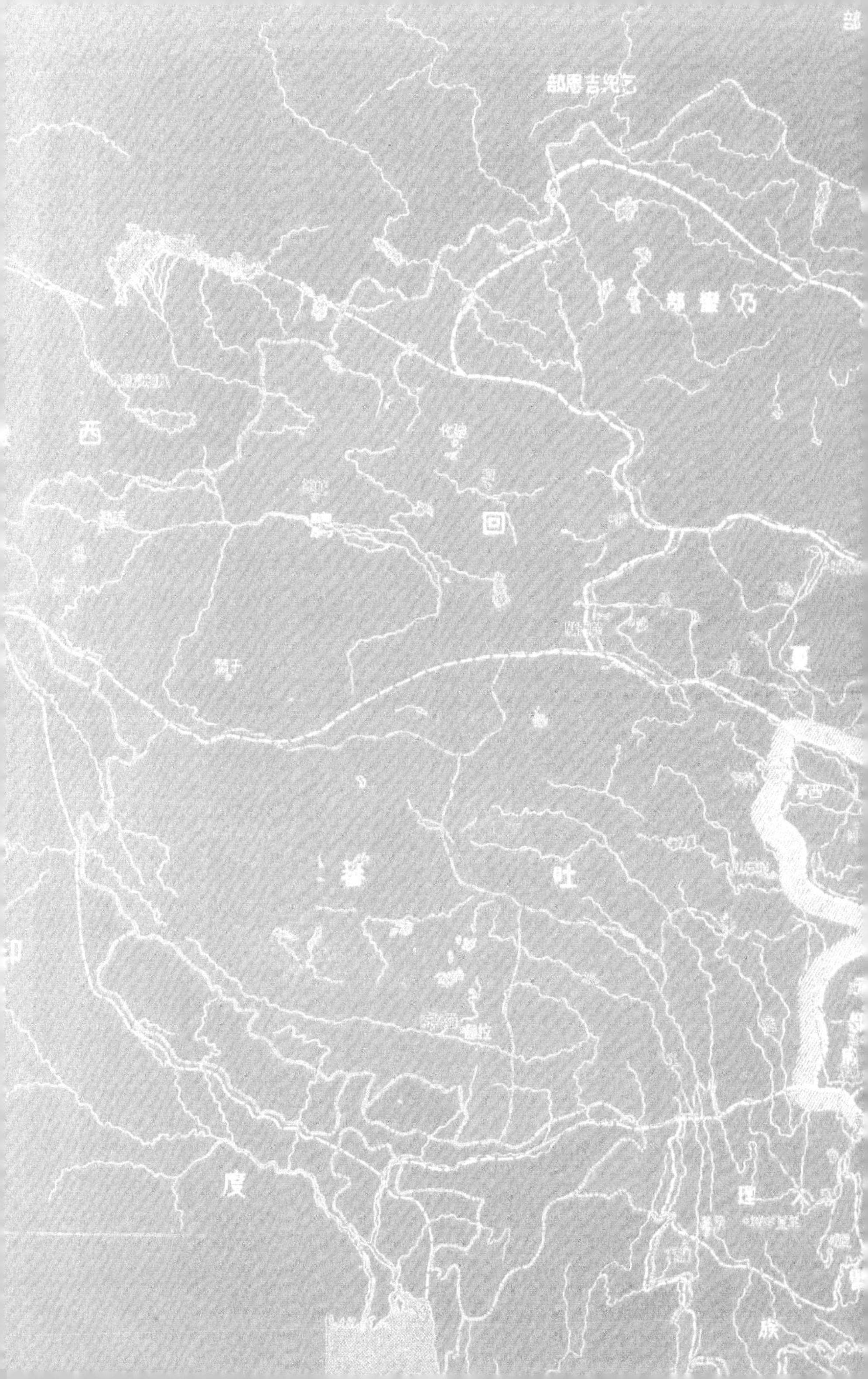

乞兒吉思部
西
回
吐
度

救命稻草

前兩章，我們分別講了一個自我弱化的趙宋政權，以及這個政權在強鄰那裏所吃的苦頭。我們注意到，趙宋政權其實並不乏自省的能力，早在第三任皇帝趙恆時代，中央政府就已經有了痛定思痛的聲音。要命的是，不同政見，向為專制政權所忌諱，那些異議之聲，也就顯得微乎其微了。

到第四任皇帝趙禎時，帝國統治集團，面對北方強鄰所帶給他們的屈辱，再也憋不住了，紛紛站出來，發表個人對時局的看法。那位因寫「紅杏枝頭春意鬧」而得「紅杏尚書」之美稱的宋祁，提出冗費問題；那位因寫「先天下之憂而憂，後天下之樂而樂」而聞名的范仲淹，建議實施新政①；那位以《資治通鑑》立世的司馬光，上書大談開源節流，諸如減冗兵、裁冗吏、抑兼併、細理財等等；大臣文彥博則提出精兵策略；甚至當時剛中進士的王安石，亦上書萬言求新政。這些聲音，或者說這些不同政見，彷彿形成於一夜之間，來勢兇猛。其實，這是百年屈辱的一個必然反應，也是天怒人怨的一個總爆發。遺憾的是，這集中發作的罕見聲音，卻虎頭蛇尾，終而泥牛入海，煙消雲散。我們說，這依舊是宋帝國國策——防變之使然。換句話說，任何聲音，在防變聲音面前，都將黯然失色、微不足道。進而言之，趙宋政權一旦將防變政策確定為帝國的主流聲音，那麼這之外的一切聲音，毫無疑問都將是雜音、噪音。

時光延挨，至趙宋帝國第六任皇帝趙頊那裏，才算有了一個真正的新氣象。趙頊繼位之初，問財政部主管韓絳，帝國還有多少錢可用。韓絳如實相告，說帝國建立以來，積累百年的財富，現在只剩下一本空賬簿了。這位十八歲的皇帝一聽，精氣神全無。冷靜下來之後，趙頊開始考慮帝國的出路。想來想去，他想起一個人，那就是以母喪為名辭職的王安石。

趙頊當潁王時，他的秘書長韓維常常提起王安石，說這個人如何有學問，如何有見識。從趙頊個人來講，他對王安石的瞭解，多來自他那著名的萬言書。一個知識分子，給國家上書萬言，一定有他可取的思想抱負。趙頊求賢若渴，於是下詔，令王安石入京為官。不料，王安石卻抗旨不遵。對於趙頊來說，王安石好比帝國的一根救命稻草，剛看到的希望，因為對方的拒絕而化為烏有，振國計劃也隨即擱淺。

突兀一看，這王安石還有幾分酸勁兒。回頭去看王安石，或許不至於讓我們把他看酸。王安石進入官場之前，唐宋八大家之一的曾鞏對其欣賞有加，還把他的文章拿給歐陽修看。當時的歐陽修，已是公認的文學大家，他看了王安石的文章後，讚揚的同時，更是出手力薦。王安石得以及第，以進士的學位，授與淮南判官。任滿後，改任鄞縣縣長。

在鄞縣，王安石所實施的水陸基礎建設，聲色俱佳。大臣文彥博得知王安石的政績後，擬破格調他到中央工作。我們無從知道王安石的想法，他竟然拒絕了文彥博的美意。歐陽修知道後，深以為王安石正直，人才難得，於是推薦他當諫官。王安石不以為意，依舊婉辭的舉動，恍如一束耀眼的光芒，投進陳腐而陰冷的官場。歐陽修再次被感動了，因而再次推薦王安石去做更好的官——群牧判官。常言道，再一再二不再三，王安石卻拒官過三。有意思的是，後來，中央政府讓王安石去做常州州長，他卻欣然接受了，結果又幹出一番令人讚歎不已的政績。直到一〇六〇年，王安石才放下架子入京，到財政部任職。不久，他藉口丁憂，辭官回鄉。

現在，趙頊想起了這位無視官場的王安石。尷尬的是，王安石故技重施，拒絕回京就職，皇帝很是沒有面子。趙頊不解，問大臣曾公亮：「我當皇帝之前，王安石就已經聞名天下了。那時，多次調他到中央工作，他屢屢以健康問題加以迴避。有人說，王安石這樣做是大不敬。現在朕又下令調他入京為官，他還是託病不從，你說他這是什麼意思？」曾公亮說：「正因為王安石有才，他才託病不來。不過以我之見，他這次託病，其實只是一種試探性的。」趙頊追問道：「何以見得？」曾公亮說：「他是在試探皇帝興利除弊的決心。」聽到此話，年輕的皇帝以無庸置疑的口氣說：「這一點不用他多慮。」於是二度下詔，任命王安石為翰林學士。

朝野以為，王安石這次依舊會婉辭。皇帝也忐忑不安，心想，這回再被王安石拒絕，皇室臉面將蕩然無存。恰恰這一次，王安石很痛快地遵旨了。王安石之所以做出一個出人意料的選擇，是因為他在得到調令的同時，還得到一個明確的信息，即無人可以撼動皇帝改革的堅強決心。王安石這一步的跨出，使他正式登上中國的歷史舞臺，他的影響，遠在同時代的高官之上，也遠在皇帝趙頊之上。

有人來，就得有人走，這是官場的規律。宰相韓琦是個明白人，他見趙頊找到新的政治依託，便力辭出朝，到相州去做地方官。趙頊依依不捨，但韓琦去意已定。臨別時，趙頊哭著問道：「賢相去後，誰可取而代之？你看王安石如何？」韓琦說：「王安石做翰林學士綽綽有餘，但當宰相則遠遠不夠。」趙頊默然不語，過後繼續徵詢身邊的其他人，意在為下一步的重大人事任免營造輿論。一天，趙頊就相同的話題，徵求侍讀學士孫固的意見。令趙頊驚訝的是，孫固所持的觀點，竟然與韓琦出奇地一致，他說：「以王安石的才學，讓他當翰林學士一定稱職，做宰相卻難以勝任。陛下若擇相，司馬光與韓維二人皆可充任。」趙頊依舊默然不語，即已表明，這位年輕的皇帝，找到了親政的感覺。一個人政治上的默然不語，往往代表自信，也表示他已具備自主的能力。

一〇六八年夏，姍姍來遲的王安石，總算入京任職。望眼欲穿的趙頊，立即接見了王安石。君臣一見，所談全部都是改革話題。談話間，趙頊直言不諱地提到了人們對王安石的看法：「一些人總不理解你，認為你只知學術，而不懂政治。」王安石的反應咄咄逼人：「胸中有經術，才可以經綸政務！為臣我最恨時俗淺薄者，正是這些人，把帝國拖向了泥潭。所以說，變風俗，立法度，正是當務之急！」這次君臣談話，可謂相得益彰。隔年，趙頊即任命王安石為副宰相；再隔年，又任命王安石為宰相，最終把國務大權，託付這位政治夥伴。對於王安石來說，此即「得君行道」是也。之後的儒家學者，也常常把趙頊與王安石的「千古君臣之遇」，當作自己的人生理想與政治追求。

在局外人看來的「千古君臣之遇」，在實踐者來說並不輕鬆。宋帝國百年的歷史業已證明，官僚機構已然異化為一部巨大的壓榨機，正肆無忌憚、日夜不停地掠奪人民財產，少部分奉獻給了北方強鄰，用來購買和平；大部分據為官有，用來過奢靡腐爛的生活。這情形下的宋帝國，猶如一個巨大的火藥庫，隨時都有將帝國送上西天的危險。生長在深宮中的趙頊看到了這一點，來自地方的王安石也看到了這一點，於是君臣一拍即合，決定實施重大改革，以期為步履蹣跚的帝國找到一條新的出路。王安石的改革（史稱新法），由此出籠。我梳理了一下，大致有以下九項：

預算制度　王安石設立一個計劃部，並自兼首長，修補行政管理上的漏洞，以此嚴厲制止私人挪用或吞沒公款。僅此一項，每年就為國家節省開支百分之四十。

儲糧制度　過去，各省每年向中央政府繳納的賦稅（以糧食為主），不分好年頭、壞年頭，數額固定不變。這就造成豐收之年糧食無處存放，歉收之年又搜刮百姓的惡政局面。王安石規定，由各省在首都設立專用倉庫，糧食豐收時大量購入，歉年時就不必再搜刮農民。

貸款制度　農業技術落後的時代，中國農民之苦，無過於青黃不接時期。這時農家的存糧往往用盡，新糧又未收穫，農民急需用錢購買日用。王安石命政府低息貸款給農民，農民則用田裏的青苗做抵押。等收穫之後，再行歸還。

田賦制度　士大夫等兼併貧農耕地時，往往隱沒田籍，不繳納賦稅。王安石對全國耕地加以普查，結果清出三百六十萬畝未繳納賦稅的土地，為國家挽回巨大經濟損失。同時又對全國耕地重新評估，依照肥沃貧瘠，分為五等，肥沃的耕地賦稅多，貧瘠的耕地賦稅等差減少。

物價制度　王安石設立物價局，以此平抑物價。物價局兼營銀行，人民用金銀綢緞或不動產做抵押，就給予貸款。

勞役制度　規定全國每一個成年男子，都有為國家服勞役的義務。如果申請免除勞役，必須繳納代役金，由政府代為雇人充當。

國防制度　宋帝國養兵百萬，其軍費開支，占國家總收入的三分之二。然而出征作戰時，這支部隊卻不堪一擊。原因大致為：㈠宋帝國部隊沒有退役制度，因此而造成大量老弱病殘的軍人；㈡為防兵變，禁止部隊搞軍事訓練；㈢為防兵變，禁設兵工廠，以免軍隊獲得更新、更先進的武器；㈣為防兵變，使部隊不斷換防，目的使兵將不相熟。這一切，被王安石一一改革，老弱病殘必須退役；部隊不再換防，兵將上下互相瞭解，作戰時方可做到如臂使指般靈活；建立中央兵工廠，徵求新式武器圖樣及設計，淘汰全部落伍的武器。之後的王韶，之所以能收復青海省東北部的失土，就是因為他所率領的部隊，是改革後的部隊。

基層制度　王安石非常重視基層組織，他規定十個家庭組成一個保，五十個家庭組成一個大保，五百個家庭組成一個都保。利用農閒，組織大家軍訓。同時，彼此還可以守望相助，隨時糾舉違法亂紀之人。

教育制度　自唐朝以來，科舉考試的課目，主要有詩賦與帖經（即《五經》的填空題）。這好比今天的應試制度，培養出的人才與國家之所需，存在很大差距，乃至毫不相干。王安石一改舊制，考試內容皆為議論文，以此培養青年人獨立思考的能力。學校除了教授王安石所著《三經新議》（《詩經》、《書經》、《周禮》）外，還教授地理學、經濟學、史學、法學、醫學。

就宏觀而言，王安石的改革，於國於民，應該說利大弊少。但具有超常智慧的人總是寂寞的，甚至是悲哀的，王安石的改革，在反對派們的幸災樂禍中，還是以失敗告終。趙頊要抓的那根救命稻草，終未拉住後退的力量，喀嚓一聲，斷了。五十多年後，宋帝國即遭滅頂之災。

通常認為，王安石改革的失敗，是保守派阻撓使然。這當然是一個因素，但主要的，還應該歸咎於趙宋的立國精神。運行弱國政策百年有餘的趙宋帝國，軍事上要多弱有多弱，官吏上要多爛有多爛。這時，僅靠一個皇帝、一個宰相，是無法予以拯救的。

一〇七四年，改革失敗後的王安石自知沒趣兒，便主動辭職。與此同時，遼帝國提議重新劃定遼宋邊界。趙頊問計大臣，退休宰相韓琦建議說：「我們的改革觸怒了敵人。我們只有一個方法，才可以使遼帝國相信我們的和平誠意，跟我們繼續友好相處，那就是立即把這些改革措施，全部廢除──剷除兩國邊界限制敵人騎兵深入的榆樹、柳樹；解散保甲，停上人民軍事訓練；黃河以北州縣城郭，隨它頹塌；護城河渠也隨它淤塞，停止修築；撤銷兵工廠，停止製造新武器，停止軍隊現代化；撤銷黃河以北三十七將領，停止軍隊訓練。等到上述措施全部廢除之後，陛下再養民愛力，疏遠奸邪王安石，進用忠良司馬光等，遼帝國自然心悅口服。」

韓琦的話都說到了這個份兒上，趙頊只好令王安石下課，讓他出任江寧知府，希望他到那裏安心休養，以度晚年。王安石慨慨離京，不料途中卻發生了許多令他意想不到的傷心事。

①早在一〇四三年，范仲淹以宰相身分，推行有限改革。他先從小地方著手，只輕微地淘汰了少數官員，並限制未來的蔭子數目。蔭子，也就是高官子弟不必經過學校和考試，即行當官的一種制度。有些官員還沒有結婚，而兒子就已經被政府委任官職，甚至懷抱中的嬰兒，往往已是科長、縣長。這僅僅是皇恩浩蕩的冰山一角，范仲淹也僅僅把這冰山一角的一角，稍稍砍了砍，瘦了瘦身，要求必須確實有兒子，且年滿十五歲方能恩蔭為官。就這樣，也立刻引起官員們的公憤。在尚未招來嚴重打擊之前，范仲淹立即辭職，一切才歸於平靜。

飲恨半山堂

宋帝國有例，凡宰相辭職，都要另給他安排一個地方頭銜，到那裏只領工資不管事。趙頊委王安石以江寧知府，用今天的說法，實際為名譽州長。前面提到的宰相韓琦，他辭職到相州為官，亦屬此例。

江寧亦即金陵（今之江蘇南京），此乃六朝帝王之都，江山秀麗，人物繁華。王安石雖為失敗的改革者，但有幸到這裏過退休生活，應該說，還是會獲得一些心靈慰藉的。不幸的是，就在王安石前往金陵的路上，卻發現大量咒罵他的詩詞。為了躲避這些令人傷心的文字，王安石主僕一行，專揀小路走，單揀僻靜住。

話說這天傍晚，王安石等來到一個村戶人家，但見竹籬茅舍，柴扉半掩，看上去甚為僻靜。王安石決定，就此投宿。秘書江居，小心翼翼地推開柴門，正要呼喚主家，屋內便走出一位老人，他扶著手杖立於簷下，問道：「不知官人到舍下有何貴幹？」江居解釋說：「我等是遊客，欲借貴處住上一晚，房錢分文不少，不知可否。」老人側身，做了個謙讓的動作，隨即說：「但隨客便。」江居走出籬笆小院，到轎前告知王安石，可以在此住宿。主僕這才入內，與主人相見。在堂屋閒談時，見江居等隨從一律站著伺候王安石，主人就知道，眼前這位大人，雖然一身布衣打扮，卻非等閒之輩。因而在晚飯的時候，特地安排王安石到內屋就餐，以示敬重。所謂好事多磨，老人的一番好意，卻給王安石帶來煩惱，起因是內屋牆壁上的一首詩：

文章謾說自天成，曲學偏邪識者輕。
強辯鶉刑非正道，誤餐魚餌豈真情。
奸謀已遂生前志，執拗空遺死後名。

這首詩裏的每一句，幾乎都有一個典故，而每一個典故都屬於王安石。下面我們略舉一二。「文章謾說自天成，曲學偏邪識者輕」一句，主要是說王安石「目下十行，書窮萬卷」，可惜沒用到正處。知識怎麼用才叫正道，是仁者見仁、智者見智的事，不好說，我們就說說王安石肚裏儲藏的知識吧。

一天，蘇軾去拜訪王安石，王安石說：「閒著也是閒著，咱們倆相互考考，添點樂兒吧，你先考我。」蘇軾鞠躬說：「晚學豈敢？」王安石道：「何必客氣。也罷，我的書房中左右二十四櫥，書皆積滿。但憑你左右櫥內上中下三層，任取一冊，不管前後，你只須唸上文一句，老夫答下句不來，就算老夫無學。」蘇軾暗想：「這老頭兒真是迂闊，難道這些書句句都記在腹內？」遂抽取一本落灰最多的書籍（料想久不翻看，也早該忘記了），打開中間，隨口唸了一句：「如意君安樂否？」王安石接道：「『竊已啖之矣』可是？」蘇軾一邊回答「正是」，一邊暗中叫好，心想，這老頭兒的知識，果然名不虛傳。

王安石取過書來問道：「書上這一句怎麼講？」蘇軾領略了王安石的厲害，不敢造次，乃道：「晚學不知。」王安石說：「這也不是什麼稀見之書，如何就不曉得？這是一樁小故事。漢末靈帝時，長沙郡武岡山後有一狐穴，深入數丈內有九尾狐狸二頭。日久年深，皆能變化，時常化作美婦人，遇著男子往來，誘入穴中行樂。小不如意，殺而分食。後有一人姓劉名璽，入山採藥，被二妖擄去求歡，劉璽極盡奉迎。枕席之間，二狐快樂，將劉璽稱為如意君。大狐出山打食，則小狐看守；小狐出山，則大狐看守。日就月將，並無忌憚。每每酒後，二狐露其本形。劉璽有恐怖之心，精力衰倦。一天，大狐出山打食，小狐留穴看守，求其雲雨，被劉璽拒絕。小狐大怒，把劉璽生吃於腹內。大狐回穴，惦念劉璽，進門就問：『如意君安樂否？』小狐答道：『竊已啖之矣。』二狐爭逐追打，滿山喊叫。樵人竊聽，遂得其詳，記於《漢末全書》。」僅此一節就可看出，王安石博學，那真不是吹的。

再說下一句：「強辯鶉刑非正道，誤餐魚餌豈真情。」意思是說，王安石為自己的改革辯護是強詞奪理，誤吃魚餌也是矯情。王安石改革的事都知道，這裏就不說了，那麼誤吃魚餌又是怎麼回事呢？說有一天，趙頊皇帝正在釣魚，王安石去回報工作。就在魚塘邊，君臣談論國家大事，王安石也不知是餓了還是怎麼，一邊喝茶，一邊抓起桌上的魚餌就往嘴裏放，漸而吃盡。趙頊雖然是皇帝，但在王安石面前，畢竟還是個年輕人，所以也不好說什麼。這事傳揚出去以後，王安石的支持者們認為，這是宰相鞠躬盡瘁、為國忘我的表現。可等到王安石被貶之後，這又成了反對派們攻擊他的武器，說他誤吃魚餌是不近人情。事實是，王安石這個人，生活相當隨便，乃至大大咧咧（做學問、做宰相卻相當認真），有時蝨子爬到他的袖口，他都不為所動；因為眼睛高度近視（百分之百看書看多了），在家裏吃飯時，他只吃眼前的一盤。家人問他為什麼這樣做，他說：「餐桌上只有這一盤菜呀。」你看看，略遠一點的菜，他就看不見了。王安石誤吃魚餌，恐怕也是錯把魚餌當茶點了吧。

言歸正傳。我們可以想像一下，王安石看了牆上的罵詩，該是何等心情。你想啊，連這孤僻之處，都有辱罵王安石的詩，這能不讓他沮喪萬分嗎？在攀談中得知，老人今年已七十八歲，膝下四個兒子，皆為新法所害。現如今，只與老伴相依為命。王安石驚問道：「新法有何不便，以至於傷財害命？」老人道：「官人但看牆壁上的字就全明白了。王安石當宰相後，他打著新法的旗號，幹的卻是聚斂錢財的勾當；地方官府奉上虐下，不分晝夜地搜刮百姓。被逼無奈，百姓只好拋家棄業，逃往深山。這個村原也有個百來戶人家，如今所存只有八九家了；寒舍原也有十六口人，如今也只剩下四個活口了！」說罷，淚如雨下。

王安石不解地問道：「有人說新法便民，與老人家今天所說大不相同，這到底是怎麼回事呢？你老人家能否詳細說說？」老人用粗糙的大手，抹了一把臉上的淚說：

「就說保甲法吧，老百姓家凡有青壯年的，都必須到教場參加軍訓，一日三餐，由自家供送。新法上說的倒是挺好，五天軍訓一回。可那些指揮官不這麼做，他們逼迫著青壯年，天天到教場訓練，除非你給教官好處，他才肯放你回家種田。如果沒有賄賂，教官就藉口你武藝不熟，把人扣下，繼續操練。因為大家都太窮了，沒有錢向教官行賄，許多地全都荒了。秋天絕收，官府又來催糧，到了冬天，老百姓即使不被官府逼死，也往往會被凍死、餓死。」說完，老人反問道：「官人可知，那王安石今在何處？」王安石不便直言，就哄著說：「他還在朝中輔佐天子呢。」老人唾地大罵道：「不殺了這等奸邪之人，還要用他，公道何在！」

江居等見老人說話太狠，叱道：「不可亂說話，倘若王宰相聽見了，你老人家獲罪非輕了。」老人把腰略加一挺，怒道：「我年近八十了，何畏一死！若見此賊，必親手用刀砍下他的頭，再剜出他的心肝做下酒菜，以消我這冤仇之恨。到那時，雖獲凌遲大罪，也絕不後悔！」眾人聞言，無不吐舌縮項，嚇出一身冷汗。王安石更是面如死灰，傻在那裏，半天方醒過神來，遂步履沉重地走到院內，悄聲對江居說：「趁月明如晝，我們趕路吧。」江居會意，結算了飯錢，一行人匆匆踏月而行。

走了十多里地，來到一片樹林附近，眼前是孤零於此的三間茅屋。王安石說：「此處倒也幽寂，就在這兒歇腳吧。」江居領命，前去叩門。少許，從中走出一位老婦人，江居說：「老人家，我等遊客因為貪路，錯過了旅店，想借貴處住一晚，明早再奉謝銀兩，希望周全一二。」老婦人指指一間小屋說：「這間屋子空著，但住無妨。只是草房窄狹，放不下大人的轎馬。」江居一聽同意了，便趕緊應承說：「不妨事，不妨事。」於是折回去，引王安石下轎入室，又吩咐手下將轎子置於簷下，將騾驢拴在樹林中。王安石坐下，看那老夫人時，但見她衣衫襤褸，鬢髮蓬鬆。聯想到前面所發生的事，他的內心深處，多少有些忐忑。老婦人取過燈火，安置下客人後，便自去睡了。王安石攜燈看時，這間屋子雖說是草舍泥牆，倒也潔淨。可再一看，就在窗間發現一首詩：

生已沽名炫氣豪，死猶虛偽惑兒曹。
既無好語遺吳國，卻有浮辭誑葉濤。
四野逃亡空白屋，千年嗔恨說青苗。
想因過此來親睹，一夜愁添雪鬢毛。

我們沒有必要為每一首詩裏的典故做注解，以免喧賓奪主或跑題。總之，你知道這都是咒罵王安石的就行了。

王安石覽罷，猶如萬箭穿心，好生不快，因想：「一路走來，什麼驛站酒館、茶坊道院、村舍茅廁，處處有詩譏誚怒罵本官。這老婦人獨居此處，亦有怨詞詈語，足見世人有多麼恨我！」當晚，王安石長吁短歎，和衣而臥，夜不能寐。想當年，他無論是在鄞縣當縣長，還是在常州做州長，革故鼎新，事業有成，不僅深受當地百姓擁護，他個人也名揚全國。換了位置，成了一國之相，再行革故鼎新之業，為什麼就臭名遠揚了呢？他在宰相位置上推行的改革，不過就是他在地方改革的擴大版，為什麼在地方能成功的，到了中央就失敗了呢？他百思不得其解。想到心酸處，已是淚濕前襟。

天亮後，老婦人蓬著頭，同一個赤腳婢女起來餵豬餵雞，她一邊攪拌豬食，一邊口呼：「囉，囉，囉，拗相公來。」兩頭豬聞呼，即刻跑到盆前搶食。一旁的婢女，從一隻破碗裏抓起一把把糠秕，撒到地上，也是邊撒邊呼：「喌，喌，喌，王安石來。」結果也是群雞俱至。江居等見了，驚訝得半天合不攏嘴。再看王安石，惱怒使他前額青筋暴突，羞辱又使他無地自容。儘管如此，他還是要硬著頭皮，揭開這個與自己有關的謎語，遂悒悒不樂地問那位老婦人：「老人家何以如此驅豬喚雞？」老婦人說：「官人難道不知拗相公就是王安石的諢名？自從這王安石做了宰相，咱老百姓一天安穩日子都沒有。說他立什麼新法，啊呸，全是擾民害民的勾當。你看看我都這把年紀了，守寡二十年，子媳俱無，僅與一個婢女生活，可仍要出免役錢、助役錢等等。可氣的是，錢出了，差役照樣出。」

聽到這裏，王安石漸漸明白，他的改革之所以失敗，是因為他的那些便民新舉，倒成了地方官員用來魚肉百姓的利劍，怪不得百姓都把怨氣撒到他王安石身上。想到這裏，他就愈發地想聽到更多的實情，於是催促老婦人，讓她說說還有哪些傷農害農的事。老婦人也是愈說愈氣：「就說新法裏搞的那個貸款吧，需要不需要，官府都逼著老百姓貸款。弄到後來，你就是不貸分文，官府照樣有貸款的借據分派下來，逼你還從來就沒有借過的錢。老妾與婢女養豬養雞，就是伺候官吏老爺的，他們巧立名目進門來訛詐的時候，宰豬殺雞款待他們，我們或許還可以苟延殘喘些日子。所以鄉里都說，王安石變法，實際就是變著法地搜刮老百姓的錢。因為老百姓怨恨新法，就把家裏畜養的豬雞呼為拗相公、王安石，就是把他當作畜牲啊。今世他當大官，奈何不得，惟有祈願他後世得變畜牲，把他下鍋煮煮吃了，以解心頭之恨！」

王安石萬萬沒有想到，他的改革方案到地方後，竟然扭曲到這等地步。聽了老婦人的肺腑之言，他一語不發，只是暗自垂淚。老婦人不明原委，就問王安石：「官人哭甚？你家裏也有人被官府欺詐？可我看你不像種田人呀，怎麼也有傷心事？」王安石輕輕擺了擺手，依舊不語。他深知這一路，哪裏都不是久留之地，便吩咐江居，取錢謝了老婦人，一行再次倉促上路。

江居快步走到轎前，小心陪著王安石說話：「你老人家施美政於天下，愚民無知，反以為怨。今晚不可再住村舍，還是住驛亭官舍吧，這樣也省些閒氣。」王安石默許。一走了多時，來到一郵亭。江居先下驢，扶王安石出轎入亭坐下，隨後叫人安排早飯。一波未平一波又起，王安石轉眼就看到郵亭牆上的罵詩，這真是怕什麼來什麼：

高談道德口懸河，變法誰知有許多！
他日命衰時敗後，人非鬼責奈愁何？

王安石看罷，再也忍不住了。在村舍人家看到罵詩，他不能發火，是因為以他的修養，不能與民相爭，也不能暴露身分；在官驛看到罵詩，他勃然大怒，是因為以官對官，同在一個層面上，也就沒有什麼好顧忌的。至於修養，就先丟一邊再說吧。於是急急喚過驛卒，用顫抖的手指著牆上的詩，怒斥道：「何處狂夫，竟敢在此毀謗朝政！」驛卒見王安石一身布衣打扮，也不把他放在眼中，回應道：「不但此驛有，是個地方就有這類題詩。王安石立新法，害民非淺，遭人唾罵。近聞他辭了相位，皇帝讓他到金陵安度晚年，想必一定經過此路。所以，這附近常有數百村農，各持棍木一根，早晚在此尋摸，伺候他來。一旦發現，就殺了他，分而食之。」

王安石聽了，相當震駭。飽讀史書的他，絕不認為驛卒的話是鬧著玩的。王莽當年的改革失敗後，不就被老百姓打殺分食了嗎？所以不等飯熟，他們便狼狽地起轎而去。一路上，主僕渴了飲泉水，餓了吃乾糧，睏了就地歇。王安石更是連轎都不出了，並吩咐日夜兼程。不日，主僕一行到了金陵地面的鍾山（今南京市東北郊），止住腳步。王安石因羞於入市，也怕惹來更大的麻煩，考慮再三，就地安身於鍾山，他為自己的新居取名半山堂。

宋時，鍾山一帶荒無人煙，倒也符合王安石隱居之意。半山堂宅舍極其簡陋，僅能遮風擋雨而已，且無圍牆。很多人勸王安石搬到市區去住，他一概拒絕。從王安石〈遊鍾山四首〉（其二）裏可以看出，他特別鍾愛半山堂周圍的自然環境，詩曰：

終日看山不厭山，
買山終待老山間。
山花落盡山長在，
山水空流山自閒。

不過，我們很快又發現，王安石的隱居生活，因為政治上的因素，並非人們想像的那樣安逸。他的反對者並沒有因為他退出政治舞臺而停止對他的清算，這使他常年處於憂鬱之中。一〇八六年底，六十五歲的王安石憂鬱成疾，嘔血而死。此前一年，他的政治夥伴趙頊，先他而亡。這位銳意改革的皇帝，死的時候年僅三十七歲。

最後我想說的是，王安石改革的失敗，並不取決於他個人的能力，問題的根源仍在趙宋政權內部。可以說，王安石有能力改革，卻沒有能力把反對新法的舊黨（支持新法的為新黨）逐出政府。他惟一能做的，就是把舊黨貶出中央，讓他們到地方去擔任政府首長。換句話說，如果把舊黨全部貶為平民，帝國政府即刻面臨官荒，從中央到地方的一切行政工作，將全面癱瘓。可立見的舊黨勢力之大，可預見的改革阻力之大，全擺在了桌面上。問題也就出在這裏，因為所有的改革方案，都必須靠地方政府來執行；而地方政府的首腦，大都是舊黨人物——不可避免地，這些官員就會用種種卑劣的手段，肢解和破壞新法，甚至利用新法，故意傷農。反過來，他們又用農民被迫害的事實，來證明新法的罪惡。一路下來，王安石看到那麼多咒罵他的詩，那麼多深受其害的農民控訴他，以致讓他喪失自信。據說王安石臨死的時候，竟然自打耳光，自我咒罵：「王某上負天子，下負百姓，罪不容誅。」

歷史上的任何改革者，都有他的局限性，王安石也不例外。但我們說，王安石固然有錯，還不至於錯到這種程度（就是其政敵司馬光也說：「王安石為人並不甚壞，其過端在剛愎自用。」）。他的失誤就在於，沒有把舊黨勢力從帝國政府組織中徹底排空。然而，這又是他無能為力的，就是他的政治夥伴趙頊皇帝也做不到這一點。這註定趙宋帝國的改革必定失敗，就像清帝國末年的改革失敗一樣。

就改革而言，王安石是寂寞的，趙頊又何嘗不寂寞？

第四章
趙宋爺兒們

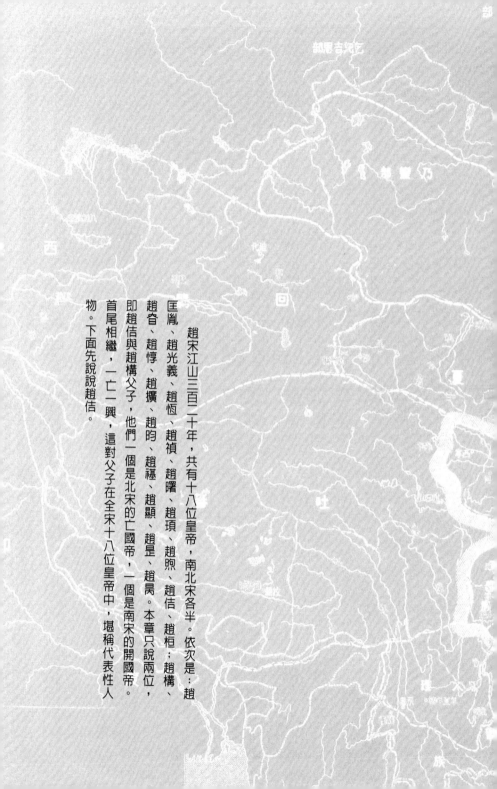

趙宋江山三百二十年，共有十八位皇帝，南北宋各半。依次是：趙匡胤、趙光義、趙恆、趙禎、趙曙、趙頊、趙煦、趙佶、趙桓；趙構、趙昚、趙惇、趙擴、趙昀、趙禥、趙顯、趙昰、趙昺。本章只說兩位，即趙佶與趙構父子，他們一個是北宋的亡國帝，一個是南宋的開國帝。首尾相繼，一亡一興，這對父子在全宋十八位皇帝中，堪稱代表性人物。下面先說說趙佶。

趙佶浮浪

我知道趙佶，始於《水滸傳》。說宋江這個人，自落草後，橫豎鐵定一顆招安的心。出乎意料的是，這條歸順之路，荊棘叢生。用宋江的話說就是，梁山要招安的心聲，屢被朝中奸臣所阻，致使下情不能上達。萬般無奈之下，宋江另闢蹊徑，想到了通往趙佶御前的一座橋樑——當朝名妓李師師。

李師師自幼喪母，由其父王寅（在開封城內經營染房）煮漿代乳，撫養至四歲，王寅獲罪，病死獄中。之後，李師師由經營妓院的李媼收養（李師師故而姓李），對其延師教讀，訓歌練舞，十三歲那年就以青倌①的名分，掛牌應客。歌妓李師師擅長小唱，到趙佶當皇帝時，她的小唱已在繁華的開封獨占鰲頭，並很快名滿京城。公子王孫、大小京官、文人雅士，無不以一登其門為榮耀。漸漸地，李師師的大名，順著街頭閭巷，穿過紅牆琉璃瓦，一直飄到趙佶耳朵裏。以趙佶的秉性，他不染指李師師，那是說不過去的。所以，趙佶包占李師師，乃天下皆知。

就趙佶的私生活來講，小說裏的他雖則浮浪，但比起現實生活中的他，還算是好的。我們不妨說幾件與他有關的事，藉以看看，他輕浮幾何。一次，趙佶在保和殿宴請蔡京。席間，蔡京竟然提出求見安妃。我們都知道，宋帝國是一個十分注重儒教文明的朝代，男女授受不親的思想深入人心。蔡京身為大臣，主動提出求見皇帝的寵妃，即便他與趙佶有兒女親家這層關係，他的貿然之請，也是對皇室的大不敬。是個有血性的皇帝，為臣者都不敢這麼做；即便是不慎為之，輕者貶官，重者恐怕連腦袋都保不住的。蔡京之所以敢褻瀆皇室，關鍵是趙佶不這麼想，更不把這些細枝末節與儒家禮法相聯繫，為臣者自然也就放任不羈了。

對於蔡京之請，趙佶當即恩准，但有個條件，即他出個上聯，蔡京對個下聯方可。趙佶的上聯是：「雅燕酒酣添逸興，玉真軒內見安妃。」以蔡京的學問，對對子簡直就是小菜一碟，他的下聯是：「保和新殿麗秋暉，詔許塵凡到綺闈。」對畢，想來也就可以如願以償了，但等蔡京被太監引至玉真軒，卻不見安妃，只有她的畫像掛在西牆之上。蔡京心想，皇帝真逗，我要見真人，他卻弄個影兒給我看。但君臣之禮，還是要有的，於是叫左右筆墨伺候，以詩題謝：「玉京軒欄暖如春，只見丹青不見人。月裏姮娥終有恨，鑑中姑射未應真。」不久，太監傳蔡京至玉華閣，趙佶手持蔡京所作的詩說：「看了愛卿的詩，真有些過意不去。況且咱們又是親家，自當讓安妃出來一見。」蔡京口稱「豈敢」，趙佶則報以輕佻一笑。隨之，珍珠水晶簾輕啟，年輕漂亮的安妃素裝而出，七十四歲的蔡京近前拜謝；安妃回拜，蔡京再拜，這一老一少，動作如戲。

安妃劉氏，乃酒保之女，出身貧寒，她有機會進入趙佶視野，完全得益於內侍楊戩的推薦。楊戩常常在趙佶面前誇耀劉氏，說她有傾國傾城之貌，不亞於王昭君。劉氏被召入宮，趙佶一見，便魂不守舍，從此與她形影不離。劉氏天資聰穎，善解人意，且心靈手巧，擅長化妝與女紅，每做一件新衣，即成為京城女性的流行服飾。安妃的這些特點，恰恰符合趙佶的浪漫性格，是以受寵，短短幾年，便為趙佶生了四個孩子，可見他們廝守的時間之久。道士林靈素見劉氏如此得寵，便曲意奉承，稱劉氏為九華玉真安妃。趙佶甚喜，劉氏從此就被喚做安妃。玉真軒內的安妃像，就出自林靈素之手。政和四年，安妃的父親，從前的酒保，被封為戰區司令，真所謂「一人得道，雞犬升天」了。可惜的是，安妃三十四歲那年就過早地離開了人世。趙佶得報趕來，抱著安妃的遺體慟哭不已。隨後，趙佶不顧朝臣的反對，將安妃追謚為明節皇后。在葬禮上，趙佶與後宮妃嬪相對啜泣。次年賞燈時節，趙佶回想和安妃一起賞燈的情景，不禁悲從中來，即興寫下〈醉落魄．預賞景龍門追悼明節皇后〉：

> 無言哽噎，看燈記得年時節。行行指月行行說，願月常圓，休要暫時缺。　今年華市燈羅列，好燈爭奈人心別。人前不敢分明說。不忍抬頭，羞見舊時月。

趙佶如此深愛的一個女人，竟然不顧儒家禮法，由著大臣嬉戲。不但蔡京敢於戲謔後宮，就是他的長子蔡攸，亦敢在太歲頭上動土。有一年，蔡攸作為童貫的副手到河北前線作戰，辭行時，他看見兩個絕色美嬪立於趙佶座側，就指著她們說：「待臣功成回京後，請陛下將這兩個美人賞賜與我。」趙佶假以嗔責，喉嚨裏卻夾帶出一絲輕微的淫笑聲。彷彿這被取笑的不是他自己的女人，而是蔡攸的女人。

更出格的是，趙佶還拿他父親趙頊取笑。趙佶與蔡攸在宮裏自娛自樂，蔡攸學著戲裏的腔調唸白道：「陛下好個神宗②皇帝！」趙佶拿著鞭子，一邊大笑，一邊追打蔡攸，嘴裏也是一副戲腔：「你也好個司馬宰相！」趙佶扮演他的父親，蔡攸則扮演司馬光，君臣失態之異常，在帝制史上，實屬罕見。這還不是惟一，趙佶與王黼翻越宮牆出去玩，也是這麼個鬧法。趙佶踩在王黼肩上，搆不著牆頭，便低聲叫道：「往上聳一聳，司馬光！」王黼則低聲答道：「伸下來，神宗皇帝！」

不知為什麼，開放型的趙頊與保守型的司馬光，總是成為趙佶與臣下戲謔的對象。惟一的解釋，就是趙佶的浮浪，早已超出我們的想像。就說留蔡攸在皇家喝酒那一回吧，蔡攸酒量甚淺，這是趙佶清楚的。然而，他不依不饒，總是勸酒不止，以致讓蔡攸醉得跪地求饒，希望皇帝可憐可憐他。趙佶卻開心得不得了，他醉眼朦朧地說：「喝不死的，我心裏有數。不然把你喝死了，豈不又灌殺了一個司馬光。」嘿，趙佶橫豎都拿自己當自己的父親，在儒教盛行的宋帝國，這實在是一件匪夷所思的事情。

爛皇帝＋大畫家的趙佶

趙佶幼年時的皇家貴戚子弟，大都喜歡追逐聲色犬馬，惟獨他每天沉浸在筆研、丹青、圖史、射御之中。到十六七歲時，他已是盛名傳佈人間的有為青年，因而博得宮廷內外、朝野上下的一致好評。早在趙佶當端王時，他就留意當時的四大書法家（蔡京、蘇軾、黃庭堅、米芾）的作品。在趙佶看來，四大家蔡京為首，因此曾以兩萬貫高價，從他人手中購得兩把團扇。這普通的團扇之所以如此昂貴，就因為那上面有蔡京的親筆書法。兩萬貫什麼概念，折算成新臺幣，差不多五千萬元！趙佶作為蔡京的超級粉絲，想來無出其右了。

一一〇四年，身為皇帝的趙佶，設立了繪畫學科，正式將美術納入科舉考試，以招攬天下畫家。同時，他還廣收古物書畫，網羅畫師，擴充翰林圖畫院，指令文臣編輯《宣和書譜》、《宣和畫譜》和《宣和博古圖》等。就他個人的繪畫藝術而言，也自有其獨到的地方。如他筆下的花鳥，金墨繪羽，生漆點睛（畫鳥時，用生漆點睛，小豆般地凸出在紙絹之上，十分生動），意境天成，集中國繪畫之大成，開一代院體花鳥畫之大宗。除此之外，趙佶的書法也別具一格，他自創了一種瘦勁鋒利的「瘦金體」，其特點是瘦直挺拔，撇如匕首，捺如切刀，豎鉤細長。

可以說，趙佶的皇帝當得很爛，卻是當朝一位了不起的大畫家。他的作品，就是今天，仍為當代書畫藏家所青睞。二〇〇二年春，趙佶繪畫作品，曾以二千三百萬人民幣的價格，創下中國書畫拍賣的紀錄。二〇〇五年，趙佶的又一真跡，在開拍前，其估價直抵五千萬人民幣；二〇〇九年，他的《寫生珍禽圖》真跡，更是拍賣到六千多萬元人民幣。《寫生珍禽圖》為水墨紙本手卷，是趙佶寫生花鳥畫的典範，筆調質樸簡逸，無論禽鳥、花草均形神兼備。

趙佶畫作

趙佶書法

①青倌，在妓院裏賣藝不賣身；紅倌，在妓院裏賣藝又賣身。

②趙頊廟號。

趙構絕後

趙佶當皇帝，是宋帝國的不幸，更是趙宋皇室的不幸。那麼，趙佶的兒子趙構當皇帝，會不會好些呢？答案是否定的，趙構當皇帝所帶來的不幸，一點都不亞於他的父親趙佶。此即趙宋爺兒們的執政特徵，彷彿不禍國殃民、斷子絕孫，他們就不舒服似的。

說趙構，我們先從他的「性情」說起。這傢伙，自十四歲那年開始，就玩弄宮女。更不可理喻的是，他小小年紀，竟色膽包天，闖進喬貴妃住處，摟住人家就求歡。這喬貴妃，是趙構父親趙佶的妃子，還是他母親韋婉容的義妹。可趙構全然無所顧忌，他甚至跪下去求喬貴妃，希望對方滿足他的性要求。喬貴妃事後私下告知義姐韋婉容說：「看在咱姐妹的情分上，我忍了。只是希望姐姐今後從嚴管教你的兒子，以免招惹是非。」韋婉容對義妹千恩萬謝，可回家後，仍捨不得訓斥兒子，只是敲敲邊鼓而已。不料，趙構竟援引白居易的詩為自己辯護，說：「後宮佳麗三千人，三千寵愛在一身。爹爹的佳麗一萬多，還抵不上喬娘子一人。孩兒若得與喬娘子歡聚一回，死也甘心。」韋婉容氣得只有哭的份兒，而別無他法。

說完趙構的「性情」插曲，我們回到靖康之變中來，看看趙構在大限來時的作為。一一二六年十一月，金軍兵臨開封城下，剛即位的趙桓決定割太原、中山、河間三地與金帝國，以作緩兵之計。同時任命九弟趙構為河北兵馬大元帥，令他率部援京，以救帝國倒懸之危。然而，這位十九歲的兵馬大元帥接到命令後，不僅不去援京，且率部逃匿至河北相州。趙構置父兄安危於不顧，置趙宋皇室安危於不顧，置帝國安危於不顧，置黎民百姓安危於不顧，於亂世之中，惟求自身安全。不僅如此，趙構在相州，還與州長汪伯彥整日花天酒地，醉生夢死。結果我們都看到了，轉年春天，趙構的父兄，也就是北宋的兩位皇帝趙佶與趙桓，及皇室成員數千人，統統被金軍擄走。趙構的袖手旁觀，使他成為趙宋皇室惟一的漏網之魚。

一一二七年五月一日，趙構率部由河北至河南商丘，宣布即皇帝位。我們不能說趙構等的就是這一天，但似乎也沒有更好的解釋。這位二十歲的年輕人稱帝後，把對內專制、對外屈辱的國策，發揮到極致，他發出的第一道政令是遣散部隊，第二道政令是派人到今天的南京修建宮殿，以備他巡幸取樂。

趙構即位後的宰相是李綱。這是一位有爭議性的歷史人物，有比他為諸葛亮的，也有把北宋亡國、二帝被俘的責任推給他的。但我們看到，李綱入朝為相後，他隨身帶來自己的大著《三君行事紀要錄》，送給趙構。這本書以漢高祖、漢武帝、唐太宗三君為例，說他們勘定禍難，身致太平。李綱送此書給趙構的目的，意存借鑑，希望他帶領大家，殺回開封，重整河山。但趙構對此毫無興趣，他惟一想要做的，就是南逃，離前線開封遠遠的，以免自己也像父兄一樣被金軍擄走。李綱知道趙構的意圖後，力諫不可。趙構覺得李綱礙手礙腳，就將其罷相。未幾，帶領殘兵敗將南逃。金軍聞訊，立即集結部隊，分路追擊。面對金兵的追擊，趙構不是抵抗，而是寫信乞求金軍元帥完顏宗翰，希望放他一條活路，我們把他的信加以白話，大意如下：

宋朝江山之存亡，就在閣下一句話；我要想得到它，真比登天還難。而閣下若要垂賜於我，可謂易如反掌。我現在只有匍匐在地，謙卑地等待著你的恩賜，你盡可仔細觀察我俯首的誠意。

這封信文筆雖美，卻卑恭屈膝之極，丟盡了漢人的臉面。金軍當然不會垂恩，趙構也只得亡命天涯，一路逃到揚州。然而，稍有喘息之機，趙構及其追隨者，就開始胡作非為，縱情享樂。一一二九年二月三日這天，金軍奔襲揚州，正在後宮行房的趙構，突然接報，說金軍距離自己僅幾十里了。極樂的時刻，極壞的消息，使得趙構從此不舉，進而失去生育能力。趙構慌忙穿上衣服，帶領少數隨從，騎馬直奔瓜洲渡口，渡過長江，南逃杭州。後來，趙構把這段經歷，神化為「泥馬過河」，也無非愚弄世人，說他的大位來自天命。

五個月後，趙構惟一的兒子，即三歲的趙旉，在驚悸中夭亡，趙構從此絕種。後來，趙構退位，做起了太上皇，並把宋帝國的皇權接力棒，傳回到趙匡胤一支的趙昚①。至此，趙宋皇室有趣的一個族譜出現了，帝國的皇位在趙匡胤、趙光義兄弟間交替——北宋由趙匡胤開國，南宋由趙光義的後人趙構開國。全宋除兩位開國皇帝外，北宋餘下的八位皇帝，由趙光義一支接續；南宋餘下的八位皇帝，由趙匡胤一支接續。

北宋第一帝，在趙普的參謀下，削去石守信等功臣的兵權；南宋第一帝，在秦檜的參謀下，削去岳飛等人的兵權。最終，南北兩宋皆亡於北方馬上民族。這上上下下對稱的，也實在夠得上千古奇絕了。

趙構退位後，並非徹底退隱，有時也會干預朝政。一天，他去靈隱寺冷泉亭品茗，一個行者對他殷勤備至，他打量了對方一番說：「我看你不像個行者。」那行者哭訴道：「我本是郡守，因得罪了監司，而被誣陷降罪，貶為庶人。為了糊口，不得已到此落腳打雜。」趙構也不分青紅皂白，當即拍板說：「我明天就替你去向皇帝說明此事。」趙構回宮後，果真告知趙昚，讓其為那位行者復職。然而，幾天後，趙構再去冷泉亭，見那行者依舊打雜。他回宮後，在餐桌上滿臉不快。

趙昚是出了名的大孝子，一見養父不開心，趕緊陪著小心地問安：「父皇因何生氣？」趙構說：「我老了，說話也不管用了，那行者的事，我幾天前就同你講了，為什麼至今未辦？」趙昚似有所悟，趕緊回答說：「看我這記性，差點把這事給忘了。昨天，我已吩咐宰相去落實此事，可宰相回來說，此人貪贓枉法，免他一死已是開恩，若再復職，豈不是縱容不法了嗎？」趙構卻荒唐地說：「那叫我今後再怎麼見人，我已經答應人家向你求情了。」話到這個份兒上，趙昚只得再去向宰相施壓，強調說：「太上皇大發雷霆，那個行者即使犯了彌天大罪，你也得給他復職。」宰相看看頂不住，不敢違拗，一切照辦了事。

這就是說，趙構的面子，大於帝國的法度。其實，這正是一切專制主義者的政治常態。我們反對專制，就反對極權的隨意性。權力的隨意性愈大，對國家、對民族、對百姓的危害就愈大。權力是什麼？它是一頭怪獸。美國前總統小布希在一次演講中說：「人類千百年來的歷史，最珍貴的不是令人炫目的科技，不是浩瀚大師們的經典著作，不是政客們天花亂墜的演講，而是實現了對統治者的馴服，實現了把他們關在籠子裏的夢想。因為只有馴服了他們，把他們關起來，才不會害人。我現在就是站在籠子裏向你們講話。」

看了小布希這段文字，我想說，民主國家的老百姓之所以實現了免於恐懼的夢想，是因為他們把權力這個怪獸關進了籠子裏。而專制國家的百姓之所以還生活在恐懼中，是因為那些怪獸還在籠子外面肆虐。一個國家，什麼時候把代表權力的政府這頭怪獸關進了籠子裏，也就實現了某種意義上的民主。除此之外，那一定是無庸置疑的專制。只要專制，管他新舊，管他什麼瓶裝什麼酒，統統是惡魔。政府這個玩意，老百姓管得住它，它就是為民所用的工具；老百姓管不住它，它就是禍害百姓的惡魔。正因為美國人看到了政府這頭怪獸的雙重性，他們在獨立若干年後，才遲遲不敢成立聯邦政府。到了非成立不可的時候，他們仍在憲法精神中強調：「制定一部憲法的前提是，認為我們的統治者可能是一些無賴、騙子或竊賊。」所以，美國人在建立聯邦政府之前，就已經為這頭怪獸打造好了牢固的籠子，即聯邦憲法。聯邦政府一生下來，就被關進這個籠子，歷時二百多年，從未被釋放。所以，才有小布希站在籠子裏的講話；所以，才有美國人的免於恐懼的現實。

我們再回頭看看退休後的趙構，他都幹了些什麼？就為了他的面子，為了他那張老臉，愣逼著當朝皇帝，把一個被處理過的貪贓枉法的郡守，官復原職。這充分證明，貪官污吏並不可怕，可怕的是專制制度——這一制度的可怕就在於，放諸國家，元首一人說了算；放諸單位，一把手說了算。這之下的官員，再貪再惡都無關緊要，緊要的是奉承好了元首或一把手，犯了天大的錯，過兩天（實際是躲兩天），還是好同志。反過來說，你這個官員方方面面再好，而缺乏在元首或一把手面前的那副言聽計從的奴才相，你也只有靠邊站的份兒。當下的官場就有一種怪現象，一個被處理過的官員，用不多久，就會重返政壇，並在一個新的領導崗位上，開始他貪贓枉法的奢侈糜爛的幸福生活。那麼，誰又是這些復出官員身後的趙構呢？鑑於怪獸們尚在籠外，這樣的追問毫無意義。我們惟一的期待是，早些把權力這個怪獸關進籠子，是以不負曾經蒙受過的長達兩千多年的專制苦難。

苟且偷安的藝術家君臣

宋帝國有個很奇怪的現象，苟且偷安、人格卑微的君臣，在藝術方面，均有造詣。趙佶、趙構父子如此，蔡京、秦檜等更是如此。但看趙構書法，其特點是筆法灑脫婉麗，自然流暢，清秀古樸，且具有六朝遺韻，堪稱一代真書名跡。趙構書法長期影響並左右

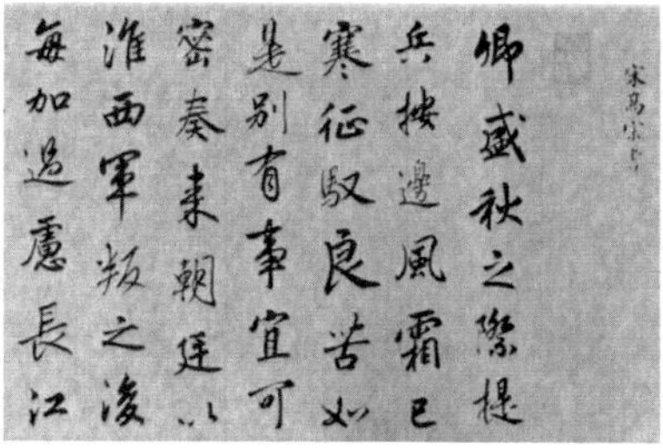

圖為趙構書法。

南宋書法界，後人亦多效法其書跡。

趙構曾在《翰墨志》中自述說：「余五十年間，非大利害相妨，未始一日捨筆墨，故晚年得趣，橫斜平直，隨意所適，至作尺餘大字，肆筆皆成，每不介意，至或膚腴瘦勁，山林丘壑之氣，則酒後頗有佳處。古人豈難到耶？」你看看，就連趙構的文字，都這麼優美、雅致。可這個人做皇帝實在差勁，做兒子、做哥哥，就更差得十萬八千里了。這使我想起羅素的一段話，他說：「一個人能成為大詩人或大作曲家或大畫家，這是一個優點，但卻不是道德的優點。我們沒有理由要期待一個受過教育的人比一個沒有受過教育的人，或者一個聰明的人比一個愚蠢的人，在道德上更為優越。」那麼對於趙構，我們同樣無法苛求他的個人道德，與他的書法造詣平行發展。

①趙眘即孝宗，南宋的第二位皇帝。趙構無後，過繼趙匡胤次子趙德芳六世孫趙眘為太子。一一六一年，完顏亮發兵南侵時，金軍內訌，完顏亮被部下殺死。趙構膽怯，怕完顏亮之死給他帶來不測，遂於一一六二年六月，傳位養子趙眘，自己則做太上皇。趙眘雖是趙構養子，但對養父極盡孝道，被稱為自有帝以來第一人。一一八七年十月，趙構死；一一八九年二月，趙眘效仿養父趙構，禪位於兒子趙惇，自己也做起了太上皇。不幸的是，他的親生兒子趙惇，卻對他極為不孝。一一九四年六月，趙眘死的時候，兒子趙惇竟然拒絕參加葬禮。群臣忍無可忍，於七月將趙惇廢黜，擁立其子趙擴為帝。被迫即位的趙擴一心盡孝，但趙惇不肯接受兒子取而代之的不孝行為，繼續瘋癲了五年後死去。南宋爺兒們的德行，通過這段注釋，躍然於紙。

第五章
皇室賊囊團

一個帝國，如果皇帝不好，其江山就等於爛了一半；如果大臣不好，其江山也等於爛了一半；如果皇帝和大臣都不好，其江山就等於全爛了。趙佶時代的宋帝國，就處於這麼一個爛景，皇帝不好，大臣亦壞。所以才有以方臘、宋江①為代表的民變。趙佶的事，前已有專章評述，不再多說。這一章，我們就其手下的幾個輔政大臣，做一個總的交代，他們是蔡京、王黼、朱勔、梁師成、童貫、李彥（後三位是太監）。太學生陳東曾在他的請願書中，將這幾位稱為「六賊」②。

在這裏，我略加引申，把六賊稱為皇室賊囊團，便加進了現代因素。為什麼這麼說呢？這是因為，本節語境下的賊囊團，由今之智囊團衍出。在專制社會，我們往往很難區分智囊團與賊囊團之間的差別，這就像我們不能嚴格區分幕僚與賊僚一樣。很多時候，幕僚和智囊團這些稱呼，只是統治集團用以迷惑人的一塊金字招牌，而賊僚和賊囊團才是他們的實質。我們常說的竊國大盜，就指這類貨色。說到這裏，我們把趙佶手下的六賊，歸為皇室賊囊團，大概沒有什麼語病。

蔥絲小姐

先說蔡京。這個六賊之首，給我印象最深的一件事，來自《鶴林玉露》，這是蔡京同時代知識分子的筆記，上載某士人在開封買得小姐一個，此女自言，從前曾在蔡京家做廚婢，專門負責做包子。那位士人聽後很是高興，就命她為自己做一籠包子，意在嚐嚐一代名相蔡京府中的包子，什麼風味。不料，那小姐皺了皺眉說：「做不了。」士人又疑又氣，說：「你剛才不是說，你從前是蔡太師家的廚婢嗎？而且還是專門做包子的，怎麼推託不會做呢？」小姐回答說：「我雖是蔡太師廚房包子局的，但分在蔥絲部，只負責揀蔥切絲，其他如切薑絲之類，一概不管。至於包包子，更不在行了，因為另有一波人專項負責。」士人愧歎，蔡太師廚房內，僅包子局的蔥絲小姐就若干，整個廚房之內，又該有多少人呢？據知，蔡京府第，名廚就有十五人，婢女則高達數百人之多。一個私家廚房，竟然有這麼多女工，可見上面那個蔥絲小姐的話不虛。

上述只是蔡京奢華生活的冰山一角，接下來我們再看幾件。蔡京在飲食方面，有兩大嗜好，一是愛吃鵪鶉羹，二是愛吃蟹黃饅頭（這很容易讓今天的動漫迷們，聯想到《海綿寶寶》裏的蟹黃堡，上面的卡通人物為了這口美食的秘方，常常鬧得天翻地覆）。這兩樣，頓頓必不可少。製作鵪鶉羹的複雜工序不必去說，單是這一道菜，每天就要宰殺數百隻鵪鶉，方能做成。一個月下來，蔡京家光是宰殺鵪鶉，就得上萬隻，這也實在是太離奇了。再就是蟹黃饅頭，蔡京家宴，每次花在這上面的錢，就高達一千三百餘緡。

說緡，你也許沒有一個形象而立體的概念，我們在此稍加解釋一下。緡，就是穿銅錢用的繩子，每串一千文，亦即一貫；一千三百餘緡，也就是一千三百多貫；一千三百多貫約折合新臺幣三百多萬元之巨。蔡京一頓家宴，僅用在蟹黃饅頭上的錢，就高達三百多萬元新臺幣，真可謂窮奢極欲了。不過，當我們聯想到蔡京的年薪、貪污、受賄加在一塊的總數，差不多是今天新臺幣的數億元（實際的數字恐怕遠遠超出我們的想像）的時候，就不會覺得他的那一頓蟹黃饅頭有多貴了。更何況，官員們的日用全由帝國承包下來，他們平時根本就用不著自己的錢。如果有某種生活嗜好需要自己支出，對於蔡京而言，一頓家宴千餘貫，純屬毛毛雨了。

此外，就是蔡京府裏的薰香，也不似常人以香籠薰蒸，而是派人在堂屋旁邊的屋子裏，燃燒上好的龍涎香數爐，後而突然撤簾，香霧如瀑般湧出。在那時來講，這大約就是富無可比的象徵了。面對客人的驚詫之色，蔡京總拿出一副理所當然的口氣對人說：「香須如此薰蒸，方無煙氣。」更加稱奇的是，蔡府雖大，但寶玩玉器甚多，以致讓蔡京無處安床。怎麼辦呢？說來好笑，蔡京只好揀了一間僕人的住處當臥室。用今天的話──「窮得只剩下錢了」來形容蔡京，恐怕再也沒有這麼恰如其分的了。

我們讀歷史、寫歷史，一說到貪官行列裏的巨富，就拿魏晉南北朝時代的晉帝國高官說事，比如說靠劫殺商賈致富的荊州刺史石崇如何與人鬥富，比如說晉帝國開國元勳、宰相何曾每天一萬錢的伙食費，還嫌沒有可口的菜，以至於無法下筷子。何曾的兒子有過之而無不及，他每天的伙食更是達到兩萬錢。我們要知道，晉帝國時的兩萬錢，在當時的購買力，足夠兩千人一個月的伙食。這看上去是多麼的離譜，但當我們把石崇以及何曾父子與蔡京相提並論，才發現他們直接就上不了盤。若那石崇、何曾在地有魂兒，知道後世有位讓他們難以望其項背的貪官污吏蔡京，恐怕他們早已氣得吐血，不知死多少回了。

寫到這裏，我想引入《金瓶梅》對蔡京的幾個描寫片段。那雖是小說家言，但比起正史，不知要真實多少。用康熙年間張竹坡先生的話說，《金瓶梅》是一部史記；用陳獨秀先生的話說，《金瓶梅》描寫惡社會，真如禹鼎鑄奸，無微不至。而我自己對《金瓶梅》作者以史公之筆，揭露趙佶時代的大奸大惡，更是深信不疑。話就從西門慶進京給蔡京祝壽說起。

在西門慶短短的一生中（他三十三歲病故），共去過兩次首都開封，一次是去給蔡京祝壽；一次是作為優秀幹部，進京接受皇帝趙佶的親切接見。一說到給蔡京祝壽，我們就會想起《水滸傳》裏的生辰綱，那是蔡京的女婿、北京大名府③梁中書給他老丈人的壽禮。通過赤髮鬼劉唐的一段話，我們約略可知，梁中書給蔡京的生辰綱是個何等規模，也藉此判斷出梁中書在北京刮地皮的程度。劉唐對晁蓋說：「小弟打聽得北京大名府梁中書，收買十萬貫金珠寶貝玩器等物，送上東京，與他丈人蔡太師慶生辰。去年也曾送十萬貫金珠寶貝，來到半路裏，不知被誰人打劫了，至今也無捉處。今年又收買十萬貫金珠寶貝，早晚安排起程……」（《水滸傳》第十四回）我們都知道了，這一回的十萬貫生辰綱，又被晁蓋等截獲。前後兩回，共計二十萬貫，折合新臺幣約為五億元！在此，梁中書顯然已超出刮地皮的範疇，其實質已是對北京人民實施敲骨剝髓術了。從另一角度說，也就是回過頭去看蔡京每天的伙食費，就沒有離譜之感了。他的女婿僅僅送個生日禮物，兩回就突破今天的五億元。情知這只是梁中書送來的生日大禮，雖然被打劫，但全國各地其他高官們送來的大禮，並沒有遭劫。如此算來，蔡京的財富何止是富可敵國。別說一頓飯千餘貫，就是萬餘貫他蔡京也吃得起。

我們回到西門慶的話題上來，這裏只說他給蔡京祝壽一節。梁中書兩回給蔡京送生日大禮，因為悉數被劫，所以我們看不到裏面是些什麼。好在西門慶送來的壽禮沒有被打劫，我們得以有個參照。這次祝壽，西門慶備了二十餘扛各色禮物，直奔首都蔡京府大總管翟謙家。在接風洗塵宴上，西門慶對翟大總管說：「學生此來，單為與老太師慶壽，聊備些微禮孝順太師，想不見卻。只是學生久有一片仰高之心，但得能拜在太師門下做個乾生子，便也不枉了人生一世。不知可以啟口麼？」翟謙道：「這個有何難哉！我們主人雖是朝廷大臣，卻也極好奉承。今日見了這般盛禮，不惟拜做乾子，定然允從，自然還要升選官爵。」西門慶聽了，不勝歡喜。次日一早，便隨翟謙前去拜壽。到得太師府前，但見：

九州四海，大小官員，都來慶賀；六部尚書，三邊總督，無不低頭。正是：除卻萬年天子貴，只有當朝宰相尊。（第五十五回）

西門慶和翟謙進了幾重門，又走過幾座門，轉了幾個彎（崔郊謂曰「侯門一入深如海」是也），隱隱聽見鼓樂聲。西門慶因問何處喧嚷？翟大總管道：「這是老爺教的女樂，一班二十四人，都曉得天魔舞、霓裳舞、觀音舞。但凡老爺早膳、中飯、夜宴，都是奏的。如今想是早膳了。」對比之下，那西門慶在清河縣，也只是在節假日、紅白喜事等有數的日子裏，請人來家裏吹拉彈唱，娛樂一下，而且所請樂器班，大都是妓女之流。以腐敗而論，一個基層幹部與一國宰相比，那簡直是小巫見大巫了。

正如翟總管所言，蔡京雖貴為一國總理，在盛禮面前，「卻也極好奉承」。蔡京一見西門慶送了二十多扛大禮，便欣然同意，認他做乾兒子。但旁觀者都知道，西門慶這個乾兒子的準政治待遇，是用下面這些生日大禮換來的：

大紅蟒袍一套、官綠龍袍一套、漢錦二十四、蜀錦二十四、火浣布二十四、西洋布二十四、花素尺頭四十四、獅蠻玉帶一圍、金鑲奇南香帶一圍、玉杯犀杯各十對、赤金攢花爵杯八隻、明珠十顆、黄金二百兩。（第五十五回）

蔡京平常生活的點滴，足以告訴我們，他在趙佶一朝，其勢焰是何等熾烈。從一一〇二到一一二五年，二十四年間，蔡京曾四度出任宰相。其間，趙佶駕臨他家歡宴達七次之多，每次帶去的禮物，不計其數。酒席之上，趙佶與蔡京使用的是家人之禮，而非君臣之禮，彼此的關係可見一斑。

蔡京奢靡的同時，不忘下一代的教育。畢竟他是文人出身，懂得知識的重要性。就在蔡京晚年的某一天，他忙裏偷閒，突然想起要找一個有品行的知識分子當家庭教師，並把這件事託付侄子蔡耕道去辦。後來，當朝新進士張角被蔡耕道所薦。可是張角入蔡府沒幾天，就對蔡氏子弟說：「你們也別學什麼書算了，學學逃跑就可以了。」小孩子們不解，問為什麼？張角直言不諱地說：「你們家老祖父蔡京大奸大惡，擅政多年，貪污腐敗；天下喪亂，指日可待。你們學會奔竄，來日或可免死，學別的都沒有用！」懵懂無知的蔡氏子弟聞聽此言，如雷轟頂，全被嚇哭了，一個個跑到蔡京書房，泣訴交替。然而，蔡京聽了孩子們的學舌，不僅未加動怒，還命僕人設宴，款待張角。

推杯換盞之間，蔡京真誠地向張角咨詢救弊之策。張角倒也痛快，回答說：「事勢至此，哪還有什麼良藥。眼下看來，收拾人才，改過作新，以補萬一，也不失一策。不過，即使如此，後面的事也不容樂觀。積重難返這句話，不用我說，太師也是知道的。」蔡京深悟張角所言極是，一時間老淚縱橫。然而，悔之晚矣。蔡京遭貶時，其門客臨別問他：「明公高明遠識，洞鑑古今，難道不知國事會衰弱至此嗎？」蔡京低垂著頭，想了半天才說：「不是不知道，只是我以為老夫自己可以倖免於禍罷了。」這就是聰明反被聰明誤。宋帝國歷史證明，禍國者最終無一置身事外，亡國之際，也正是他們的大限來臨之時。

開封淪陷前，蔡京的政治玩伴趙佶退位（被尊為太上皇），其子趙桓繼之。新君臨危受命，先是整頓幹部隊伍，第一個遭彈劾的就是蔡京，大臣孫覿的監察報告，可謂一針見血，大意是說：

自古書傳所記，巨奸老惡，未有如蔡京之甚者。太上皇屢被言欺，四次起用蔡京為相。蔡京挑撥兵端，連起大獄。怨氣沖塞，水旱連年，赤地千里，盜賊遍野，白骨如山，人心攜貳，天下解體。金兵乘虛而入，如入無人之境……

我們注意到，最關鍵的一條卻被孫覿遺漏了，即蔡京誘導趙佶大興土木，追求奢靡的生活方式，把前朝累積的財富，揮霍一空。趙佶當政之初，在國宴上想用珍稀玉器盛酒，可又怕國人議論，蔡京卻勸告說：「陛下當享天下之奉，區區玉器，何足掛齒！」本就意志薄弱但又貪圖享受的趙佶，在蔡京的蠱惑下，徹底放開手腳，盡情揮霍；所需錢財，任由蔡京等去搜刮天下。在這場肆無忌憚的搜刮風暴中，皇室弄了個缽滿盆滿；皇室賊囊團成員，也人人弄了個缽滿盆滿。帝國由此被徹底掏空，進而整個帝國的元氣喪失殆盡。《金瓶梅》的作者蘭陵笑笑生對此抨擊道：

那時徽宗④，天下失政，奸臣當道，讒佞盈朝，高、楊、童、蔡四個奸黨，在朝中賣官鬻獄，賄賂公行，懸秤升官，指方補價。夤緣鑽刺者，驟升美任；賢能廉直者，經歲不除。以致風俗頹敗，贓官污吏遍滿天下，役煩賦興，民窮盜起，天下騷然。不因奸臣居臺輔，合是中原血染人。（第三十回）

蔡京及其家人，得到了應有的結局，他本人死於被貶的路上；其子除蔡攸、蔡翛被斬外，蔡絛死於流放途中；其餘子孫皆被流放到遠州惡郡。但這並不能挽救宋帝國的滅亡，趙桓誅殺、流放完畢這些惡臣及其子孫後，開封即被金人攻陷。被指斥為奸臣的人，非貶即殺；被褒獎為直臣的人，與趙宋皇室一同被擄至荒僻寒冷的東北，慘遭荼毒。國亡了，好人壞人殊途同歸。這樣的結局，值得所有的人去反省，蔡京當然也不會放過這個機會，他臨終前的一首詞，即是其一生的一個總結：

八十一年住世，四千里外無家。如今流落向天涯，夢到瑤池闕下。玉殿五回命相，彤庭幾度宣麻。止因貪戀此榮華，便有如今事也！

反過來我們想想，蔡京等宋帝國官員對榮華的貪心，何嘗不是執政的趙宋爺兒們給餵大的？北宋的悲慘結局，不在一個蔡京，也不在一個趙佶，這禍根自趙匡胤時就埋下了，經過一代又一代的餵養和培植，到趙佶趙桓爺兒倆時，宋帝國官員們的貪心，被餵養成一個巨大的火藥庫，總爆發的那一刻，金帝國的軍隊，僅僅扮演了一個點燃引信的角色，他們只須輕輕一擦火，就把北宋送上了西天。所謂冰凍三尺非一日之寒，就是這麼個道理。

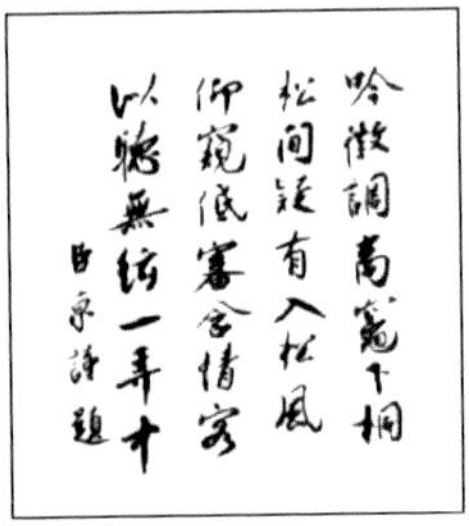

圖為蔡京書法。蔡京與趙佶一樣，雖然存在極大的道德缺陷，但藝術天賦極高，他在書法、詩詞、散文等藝術領域，均有輝煌表現，其書法躋身於北宋蘇、黃、米、蔡四大家之中。時人談到他的書法時，所用為「冠絕一時」、「無人出其右者」之類的詞彙。蔡京存世書跡有《草堂詩題記》、《宮使帖》、《節夫帖》等。

①㈠激起方臘起義的是著名的花石綱案。方臘在起義動員會上說：「現在的朝廷中，君臣除了聲色享受、花石浪費以外，每年還要向西夏、北遼兩國納銀絹各百萬。這些都是我們人民的膏血。受苦的是我們百姓，一年到頭勞動，求一頓飽飯都不可得。這樣的朝廷，你們還能容忍嗎？」方臘這番演說，具有很強的煽動性，他的起義隊伍初有千餘人，不到十天，便擁眾數萬了。我們說，這是人民對花石綱暴政的必然反應。來勢兇猛的方臘起義軍，一連攻陷了睦州、杭州、衢州、歙州。方臘軍對政府官員恨之入骨，戰爭中，凡官員被擒，即砍斷四肢，剖開肚子，挖取腸胃；或用亂箭射死，熬成膏油。從這些殘忍的行為，即可推斷出官員們平時對人民的殘害，必千百倍於此，才使這些善良的農民陷入瘋狂的報復之中。

㈡激起宋江起義的是西城括田所——對許多讀者來講，這是一個陌生的機構，這裏略微介紹。趙佶為解決財政上的困難，於一一一一年設立這一部門，專事搜刮。西城括田所將整個梁山泊收為公有，規定凡入湖捕魚、採藕、割蒲者，依船隻大小課以重稅，犯禁者以盜賊論處。農民和漁民繳不起沉重的賦稅，但不入湖作業又難以為生，被逼無奈，只得鋌而走險，他們憑藉梁山泊易守難攻的地理條件，武裝聚集，抗租抗稅，阻殺官兵。宋江領導的農民起義最初結寨於此，四五年後，即一一一九年才正式宣布起義，隨後離開梁山泊，轉戰於青、齊、濮各州之間，官府也才開始注意到這支起義軍的存在，並下令緝捕，乃至招撫。

②事物的兩面就在於，有壞就有好。北宋宰相有六賊，同時也有正派宰相，且陣容強大，如趙普、王旦、呂蒙正、寇準、呂夷簡、晏殊、文彥博、包拯、范仲淹、韓琦、富弼、王安石、司馬光、歐陽修、蘇軾等等。這都是相對而言。以個體而論，所謂正派宰相，也都有程度不同的人格缺點與職務瑕疵。我總的觀點認為，專制體制內，少有好官，也容不得正人君子。

③大名府，今之河北大名縣，位於河北、山東、河南三省交界處。一〇二四年，宋帝國在此建陪都。

④趙佶廟號。

宮廷肉掌櫃

下面說的王黼，並不具備蔡京那樣的知名度。但他在帝國所做的孽，一點都不亞於蔡京。這裡先說一件與其有關的荒唐事，來說明他與趙佶的關係。王黼受寵時，趙佶曾效仿南齊皇帝蕭寶卷①，在宮內開集設市。遊戲很簡單，集市擺設停當後，趙佶讓王黼戴上烏帽，穿上小衣，扮作賣肉掌櫃，他則一身布衣打扮，前來買肉。這不是今天意義上的體察民情，也不是演員體驗生活，純屬消遣娛樂。趙佶甚至扮成乞丐，挨門行乞：「大叔大嬸，行行好，給點吃的吧。」把參與其中的人逗得哈哈一笑，趙佶本人也捧腹不住，目的也就達到了。對此，我們也許覺得索然無味，但對於深宮裏的趙佶來說，逛逛街，買買菜，打扮一下裝乞丐，也許就是最大的樂趣。如果聯想到帝國積壓下那麼多棘手的問題，他不去處理，卻跑到這裏遊戲，就覺得他實在不配當皇帝。

回到原題。話說趙熙皇帝時代，朝中有位何執中②，頗為愛惜人才，他發現王黼聰明能幹，便將其薦為校書郎、左司諫。趙佶繼位後，王黼察言觀色，看出趙佶這位新皇帝，並不甚喜歡當時的宰相張商英。更有一個細節，被他看在眼裏，那就是趙佶賜玉帶給閒居在杭州的蔡京。趙佶的微妙之舉，讓王黼深深意識到，他發跡的機會來了，於是立即上書，盛讚蔡京既往政績的同時，抨擊張商英的無所作為。趙佶要的就是這個，起復蔡京，也就有了正當理由。王黼的上書，也就是所謂的下意，用今天的話說，就是群眾意見。

蔡京入相後，為感謝王黼相助，當即提拔他為諫議大夫、御史中丞。王黼從一個副司級幹部，轉身即為正部級，充分證明了其政治嗅覺的正確性。然而也就在此時，王黼把他極其齷齪的一面，淋漓盡致地展露出來。王黼為了感激蔡京的提攜之恩，反過來又幫助蔡京獨攬朝政，他所使用的方法，竟然是暗中向皇帝打小報告，指斥曾經提攜過他的恩公何執中二十惡事。蔡京知道這件事後，也深感王黼過分。一次，蔡京與何執中閒聊，何不知就裏，仍在力讚王黼。蔡京搖搖頭，拿出王黼告他的奏章說：「別忙著誇他，你先看看這個。」何執中不看則罷，一看，那真是怒從心上起，惡向膽邊生：「王黼這個小畜生，安敢如此忘恩負義！」

見風使舵的王黼，不久又投到趙佶寵信的太監梁師成③懷裏，尊其為父。也別說，王黼的這種鑽營精神，對於他的發跡幫助甚大，梁師成幾句話的事，他就一路攀升至少宰（趙佶時，一度將首相改為太宰，次相為少宰），使之成為宋帝國史上最年輕的高幹。後來，蔡京罷相，身為次相的王黼，一個直通車，就坐到首相的位置上去。一個人在專制集團任職，其賊膽有多大，官職就有多大；其齷齪有多深，根基就有多深，這些全都是成正比的。王黼繼任首相後，其私欲開始無限膨脹，他不僅強奪官員宅院，還誘奪大臣鄧之綱的美妾（為此，王黼以莫須有的罪名，將鄧之綱貶竄嶺南）。王黼那真是要賊膽有賊膽，要齷齪有齷齪，所以，趙佶很快又加封他為少保。在帝制時代，一個高官擁有少師、少傅、少保、太師、太傅、太保之類的榮譽頭銜，表示他深受皇帝的信賴。

王黼受寵之極，卻不希望同僚分享皇恩。一一二一年，童貫滅掉方臘起義軍，為宋帝國立下汗馬功勞。王黼身居要位，卻嫉妒童貫的戰功，於是趁機在趙佶面前，進獻離間之言，說：「方臘造反，乃因鹽茶專賣所致，跟花石綱無關。童貫太老實，受奸邪小人的攛弄，以您的名義下詔罪己，這豈不是陷陛下於不義嗎？」趙佶那豬腦子，完全是隨風飄的，聞言即怒。童貫也不是省油的燈，他得知消息後，也是立生一法兒，擬說服趙佶重新起用蔡京（這位讓趙佶愛恨交加的首相，曾經四起四落，這是其中一次），讓其入朝為相，以取代王黼。王黼一向具有靈敏的政治嗅覺，他馬上感到事態不對，隨即決定彌合與童貫的關係，支持童貫北伐，再立新功。

北伐戰略（宋金兩國海上盟約，夾攻遼帝國），滅方臘之前就已確立。由於方臘起義的插曲，宋帝國不得不暫時擱置了這項計劃。現在王黼舊事重提，建議趙佶完成北伐大業，並以童貫為帥。還得說是趙佶，關鍵時候，豬腦子一發揮作用，不愁帝國無橫禍（滅遼戰爭損兵折將不說，最大的錯誤就在於引狼入室，終致北宋亡國）。他想都不想，就同意了北伐計劃。而這時的遼帝國，已被金帝國打得七零八落。童貫揮軍北上，繼續與金帝國的海上盟約，遼帝國因而遭到致命夾擊，迅即亡國。

戰後，金帝國按照海上盟約，答應向宋帝國交割燕京及周圍地區，但又勒索白銀二十多萬兩，以補償所謂的犒軍費。王黼照單而行，目的就一個，買回石敬瑭時白白送出去的廣大地盤，以彰童貫之功，以顯趙佶之德。可我們看到，金軍撤走時，把燕京及周邊城市能搬走的東西，都裝車運走了，原住漢人居民也全部被裹脅北去。這樣一來，宋帝國到手的，不過是一片廢墟。儘管如此，宋帝國君臣上下，仍沉浸在前所未有的狂歡之中，光復遺志，似乎終於在趙佶手中實現。

手舞足蹈的趙佶，見王黼率百官前來稱賀，激動之餘，竟解下身上的玉佩，賜予王黼。隨即，加王黼為太傅，封楚國公，並允許王黼的儀仗隊，享受親王一級的待遇。從此，王黼的貪暴就更加肆無忌憚了。這麼說吧，帝國之內，但凡珍異之物，他無不苛取。然後把搜刮到的財富，與皇室九一分成——自然他是九了。歷史上說王黼之富，遠勝皇室，就在這裏。金銀珠寶之類，我們都懶得去說了，就說王黼府裏的麻雀肉乾吧，足足裝滿三大屋。對於麻雀來講，它們在王黼時代的災難，大約不亞於毛時代的除四害（一九五八年，麻雀被誤為四害之一除之，僅當年十二月十三日一天，全國所消滅的麻雀，保守數字也得有一千萬隻）。

接下來，我們再說說王黼的兩處大園宅，大到什麼程度呢？每座占地數里之多。園宅正廳，皆以青銅瓦覆蓋，富麗不可言表；園中樑柱門窗，皆為螺鈿嵌飾，可謂窮極工巧。就連趙佶參觀王黼園宅後，也是不住地讚歎：「好快活的地方！」王黼——就這麼一個貪暴過度的人，趙佶還為其居室親書大匾「得賢治定」四個字。或因此，王黼在當時博得賢相稱謂。賊人得賢名，是個專制社會，都存在此類鬧劇。鬧過了頭，一切往往就會朝著相反的方向走去。

一天，王黼家裏的大柱子上，生出幾朵蘑菇。今天看來，多普通的事呀，可處在人生巔峰上的王黼不這麼認為，他把那幾朵蘑菇，當成了祥瑞，立刻上報趙佶。帝制時代的大臣，貴為宰相，也不過是皇帝家的一個高級奴才。正常情況下，一個宰相，再紅再紫，再蹦再跳，也皇帝不了。作為王黼，你都太傅了，楚國公了，還跳個什麼勁兒？可人在巔峰時期，是看不到這些的，因而一葉障目，懵懂亂撞。趙佶本就是一個輕佻的皇帝，什麼事都愛湊個熱鬧，於是親臨現場觀賞。一看，不就是蘑菇嗎？這有什麼大驚小怪的。趙佶興趣別移，就在王黼家裏到處亂轉。轉到後院，趙佶發現有道小門，直通太監梁師成內宅，就知道這二人相交甚厚，梁師成在趙佶面前極力美言王黼的原因，也就此找到了答案。趙佶什麼也沒說，便悻悻而去。還宮後，趙佶下詔，讓王黼退休了事。那蘑菇帶來的所謂祥瑞，卻意外地給王黼的政治生涯畫上了句號。

國難當頭，趙佶禪位，趙桓即位，王黼惶恐不安地前去祝賀，結果吃了個閉門羹。金軍第一次入侵，王黼也像別的大臣一樣，未等有令，即慌忙攜帶家眷南逃。趙桓一怒之下，下詔抄了王黼的家，並授命開封府將其逮捕。開封市長尹聶山同王黼一向有怨，遂派人追及四十七歲的王黼，將其斬殺。權傾一時的王黼，也不過如此下場。

①蕭寶卷（四八三－五〇一年）是中國史上有名的昏君，逮老鼠、睡大覺、驅百姓、逍遙遊等等，哪個沒正經，他幹哪個。但最荒唐的要算在宮裏設市開店，他讓太監殺豬宰羊，讓宮女沽酒賣肉，他則扮演客人。他被殺的時候，僅十八歲（剛剛成年），在位兩年。因為昏庸無道，被他的繼任者追封為東昏侯。

②我之所以在此為何執中注釋，不僅因為他官至吏部尚書、尚書左丞；也不僅因為他曾效法范仲淹，斥資萬貫辦義莊，以贍宗族；更重要的是緣於他對中國文化的一項貢獻，即他主政吏部時，首創了中國的檔案管理體系，即「架閣庫」。架閣庫的建立，既擴大了檔案存放量，又便於查閱使用，堪稱文明社會的傑作。

③梁師成自稱是蘇軾的私生子，因有文化而深受趙佶寵幸，先後授節度使、檢校太傅、太尉等職。三公之位，梁師成占其二，故人稱隱相，即幕後宰相之意。日隆之際，他身兼數職，乃至幾十職，權傾朝野，因此成為趙佶時代的賣官大戶。

皇帝拍過的地方

現在要說的朱勔，是趙佶一朝花石綱①案的代表人物。用今天的話表述，花石綱與朱勔，都是北宋末年的熱詞。

朱勔這個人並無顯赫的身世，他與其父朱沖，只是蔡京在杭州閒居時際會的。蔡京復職時，因與這對父子投緣，便帶他們一同回京，安在身邊，用著順手。趙佶酷愛奇花異石，蔡京就想到了朱勔，於是放他出去廣為採集，以是博得皇帝歡心。朱勔接到任務，知道大顯身手的時候到了，即刻回老家，搜得三株珍異黃楊木，回京獻禮。趙佶一高興，專門為朱勔量身定做了一個部門，叫做應奉局，朱勔是當然的局長，享受部級待遇。朱勔為了更好地完成使命，特地將應奉局設在蘇州，用於專門搜刮花石綱。從這一意義上說，應奉局就是腐敗局。一個中央政權，專門設立一個部級單位，用於掠奪民間財富，這在中國歷史上，還算頭一份兒。

這等於說，趙佶給朱勔一個特權，到了江南，那就是朱勔的地盤了，他要什麼就是什麼，地方政府必須無條件地服從與配合。所以，我們注意到，朱勔所貢之物，無不從民間強取豪奪，其行為比強盜惡劣千百倍。比方說，應奉局的人在一戶人家發現一樣東西，那東西不一定是珍愛之物，可能是一棵草，也可能是一塊碎石，總之喜歡就行，接下來就會被應奉局的人打上皇簽，表示此物已屬皇宮用品，命令主人小心看護。如有不當，那就犯了不敬之罪，依法將主犯處斬，餘則流放荒僻之地。

花石綱的運輸是一個大問題。一塊好看的石頭，如果是在平民家裏，那一定是蓋房壘院時，因地制宜圈進去的，這樣搬出來就頗為不易。好看的石頭，如果是在大戶人家，那多半是懂石的雅人、玩石的商人（今天的玩石人，如果愛上一塊石頭，不惜百萬元乃至千萬元買回家），很多情況就是先要運石進院、進園，然後再把院門、園門修好，這樣人家的花石也不易搬出。但無論是平民百姓家，還是商賈巨富家，只要有花石被應奉局的人發現，就沒有一個跑得掉，搬走時，房屋礙事拆房屋，牆垣礙事推牆垣。運輸時，如船隻不夠，就攔截運糧船和商船，把貨物倒掉，用來運花石及搜羅來的其他貢物。倘得太湖巨石，則用巨艦載之，役夫動輒數千人，所經州縣，水門礙事拆，橋樑礙事拆，城牆礙事拆。一句話，礙事的全拆。不僅如此，花石船所到之處，當地百姓還要供應錢物。折騰下來，一塊石頭的運費，高達三十萬貫之多，也就是現在的一億五千萬人民幣。朱勔手下的人，更是趁機敲詐勒索，弄得江南雞犬不寧，民不聊生。這花石綱，也因此成為宋帝國建國百餘年來最大的暴政。

因朱勔做得太過，最後連蔡京也看不下去了，遂對趙佶說，花石綱擾民太甚，不可再這樣下去了。趙佶這才下令，禁止朱勔占用官方運糧船，禁止挖人墳墓、毀人房屋。當時，朱勔略有收斂，但很快舊態復發，搜刮的程度比以前更甚了。朱勔甚至揑造聖旨，謊稱他所住的蘇州孫老橋一帶，被皇上賜予朱家，強迫周圍百戶人口，五日之內全部拆遷搬走（這跟今天的情形差不多，一些高官以國家的名義強徵土地，迫使黃金地段的住戶限期搬走，然後他們自己建蓋別墅享受）。當時是腐敗政治的頂峰，換言之，也就是黑暗政治的頂峰，老百姓面對黑壓壓的朝廷、黑壓壓的官員，一有風吹草動，惟一的選擇就是一跑了之。朱勔也因此不費吹灰之力，就白得了大片的土地，並建起一座類似皇宮的園池，裏面招募了數千私人衛士看家護院，從而打造了一個屬於他自己的帝國。這個特殊的國中國，流毒州郡二十年之久。

歷史上有名的民變方臘起義，即由花石綱激起。所以我們看到，方臘當時所打出的旗號，就是誅殺賊臣朱勔。由於御史彈劾，朱勔及其子侄的官職，一一被罷黜。方臘攻陷杭州時，發現州府衙門的貴賓招待所裏，有十多個錦衣金帶打扮的人，審問時，個個閉口不言。等到大刑伺候，他們才開口交代，自稱是朱勔家奴。你看看，連朱勔的家奴都錦衣金帶，朱勔一族的奢侈生活，就更可想而知了。時謠「金腰帶，銀腰帶，趙家世界朱家壞」，即是一個寫照。當然了，趙家世界並非全是朱家壞，我們在本書裏一再強調說，壞趙家世界的，恰恰是趙家人自己。方臘是怎麼起義的，趙佶不是不知道，但方臘被滅之後，他好了傷疤忘了痛，依舊寵信朱勔。這樣一來，朱勔就更不可一世了，以致當時的朱家，有東南小朝廷之謂。

因為得寵，朱勔常常被趙佶叫到宮裏喝酒。一次宴罷，趙佶用手親暱地拍了朱勔一下。於是，朱勔趕緊脫下那件錦袍，立即請人在趙佶拍過的地方繡上一隻金手印，逢人便炫耀說：「這是皇帝拍過的地方。」還有一次，朱勔從內宮飲酒歸來，他又用黃帛纏臂，與人相互作揖時，他那隻胳膊一動不動。即使人家不問原因，他也會主動解釋說：「這隻胳膊被皇帝撫摸過，恕不多禮。」運筆至此，我的思緒從宋帝國，一下子回到八九百年後的「文革」，某紅衛兵與人發生爭執，他伸出手給對方，趾高氣揚地說：「你打吧，這是毛主席握過的手。」然後數天不洗那隻為之驕傲的手。歷史的複製，竟如此傳神。

金軍侵略開封時，趙佶退位為太上皇，朱勔想擁其南行，臨幸他的蘇州老家，意在光宗耀祖。他還來不及實現這一願望，就被新君趙桓貶為平民，沒收家產。抄家人員核查時發現，朱勔的田產竟達三十萬畝之多，其他珠寶玉器，更是不計其數。盛怒之下，趙桓把朱勔貶至南方，即今之廣東龍川。沒多久，又派出使節到龍川，當眾將朱勔斬殺。炫耀成習的朱勔到了陰間，會不會捧著自己的頭顱到處說，這是皇帝親自派人斬下來的頭。會不會呢？鬼才知道。

① 綱，結隊而行的貨物，在當時一批稱為一綱。

媼相

最後說說童貫。與皇室賊囊團其他成員不同的是，童貫是帶過兵，打過仗的，而且還是個閹人。因其南滅方臘、北復失地有功，先拜太師銜，後封廣陽郡王（太監封王，創下中國帝制史上的一個異數），並執掌國防部二十年之久。因其權比宰相，時人稱他為媼相。敬畏之中，含了幾分的譏諷。

童貫權傾一時，威風八面，因而也就無所不為。比如國防部每得中央劃撥來的軍需，童貫即全部充作個人私產，致其家中金幣寶物，堆積如山（另一位閹人李彥下手也夠狠的，他大肆搜刮民間良田，把人家的田契收上來一把火燒掉，然後就說是公田，致使千萬戶人家流離失所）。

金軍攻宋，趙桓即位，下詔讓童貫留守開封。童貫不買新皇帝的賬，一意孤行，跟著已經退位的趙佶南逃。事態暫緩後，童貫率大軍又一同與趙佶返京。這一回，趙桓先是軟禁了他的老爹趙佶，然後才將童貫流放。同時，又派監察御史張澂予以追斬。這位御史耍了個小把戲，先是派一個校官乘快馬飛見童貫，說：「皇上已派使節前來相請，召您回京共商大計，聽說是充任河北宣撫使。」童貫將信將疑，那位校官跪下說：「現在的將師都是新提拔的，沒有任何作戰經驗，主上與大臣商議多時，覺得再無任何人比得上郡王您這樣有軍功又有聲威的人。」童貫聽後大喜，遂對左右說：「看來，朝廷還真少不了我！」

次日一早，御使張澂趕到，已是七十二歲高齡的童貫起身相迎，不料立時遭致逮捕，隨即押赴眾人之處，當場宣示其十大罪狀後，便刀起頭落，結束了其榮耀與罪惡的一生。

長鬍鬚的太監——童貫

《宋史》描述童貫，一是下巴長鬍鬚數十根；二是身材魁梧，長相英俊；三是性感，即所謂的「皮骨勁如鐵」——「性感」這個詞，用在一個太監身上，是不是有點惡毒；四是仗義疏財，為人大方——只是他仗義疏財的對象都是那些後宮嬪妃、宦官、宮女，以及能夠接近皇室的道士、天子身邊的近臣等等。這樣的話，皇帝耳邊就可以經常聽到關於他的好話了。童貫是以受寵。

在此，我們說個題外話的題外話，即一個人的相貌與其秉性差異的問題。我們常說某某慈眉善目，這無異於連此人內在的東西也一塊評價了。又比如說某人英俊瀟灑，等同於說這個人的內心世界，也是美輪美奐的。但我們看趙佶、蔡京、王黼等人，就極為表裏不一。趙佶之外形，面如脂玉，唇若敷朱，風姿如玉，玉樹臨風；可現實生活中的他，還有吃喝嫖賭、禍國殃民的一面。再看蔡京，眉目疏朗，臉龐俊秀，儒雅從容，相貌上完全一個美男子；可他的另一面，則是貪贓枉法，陰險毒辣，無惡不作。接著看王黼，他身材挺拔，金眼金髮，超凡脫俗；而實際中的他，完全是頭上長瘡，腳上流膿式的劣種。最後再看看童貫，前面都說了，外型上，他也是標準的美男子，然而沒誤了他內心世界的齷齪與卑劣。

所謂人不可貌相，不僅指不要小看衣著、長相普通的人，也不要高看了那些外表堂堂正正的人。臺灣的陳水扁天庭飽滿，四方大臉，你如果不知道他是誰，初次見到他，一定會覺得此人不錯。可事實上，這是臺灣最齷齪、最貪得無厭的一個人。大陸同樣有很多這類儀表堂堂的惡棍，正在用他們優雅的外表，迷惑著他治下的人民，並用他們的權力，貪盡天下財富。對此，我們除了無奈，還是無奈，就像宋帝國人民對於趙佶、蔡京之流的無奈一個樣。

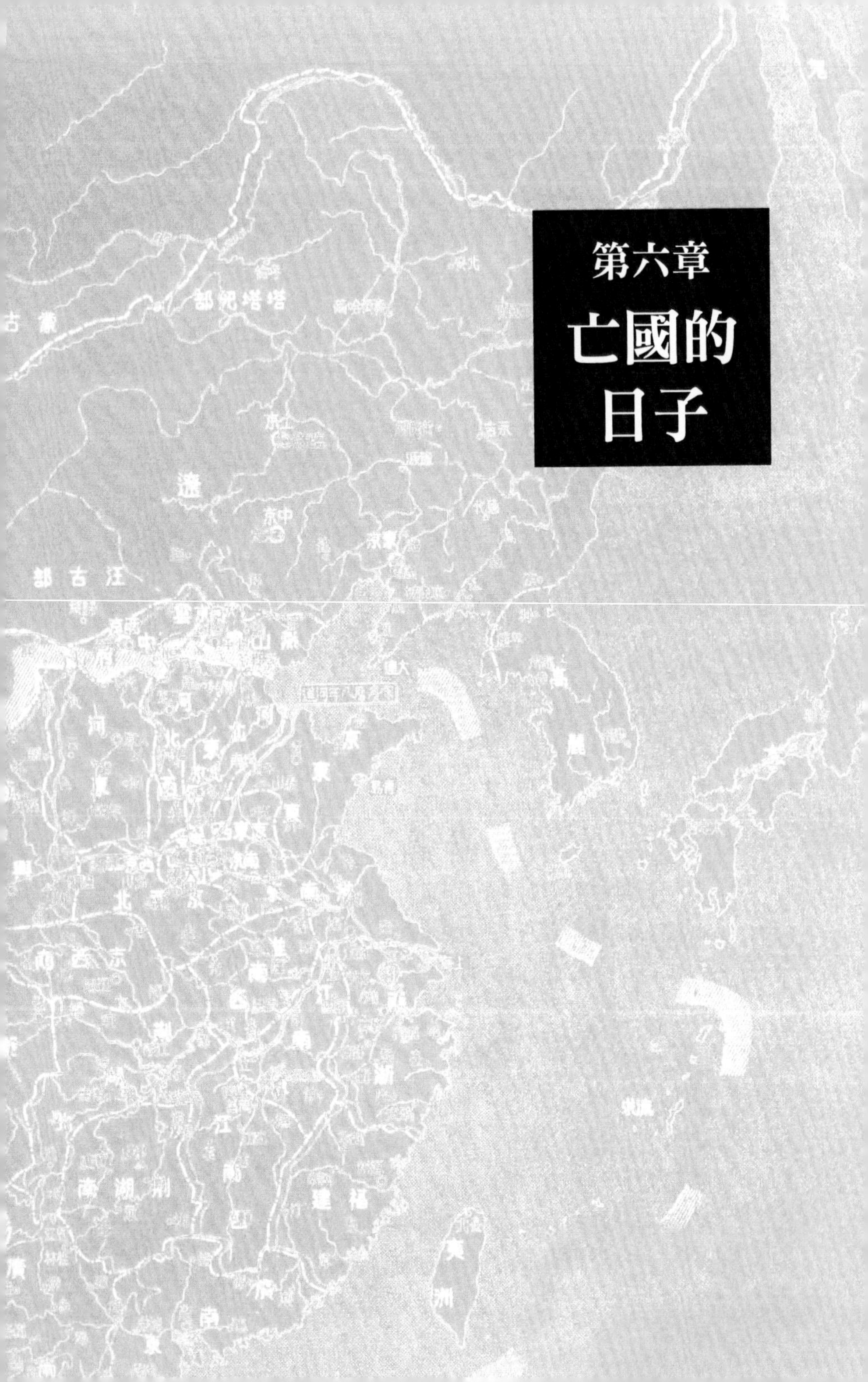

第六章

亡國的日子

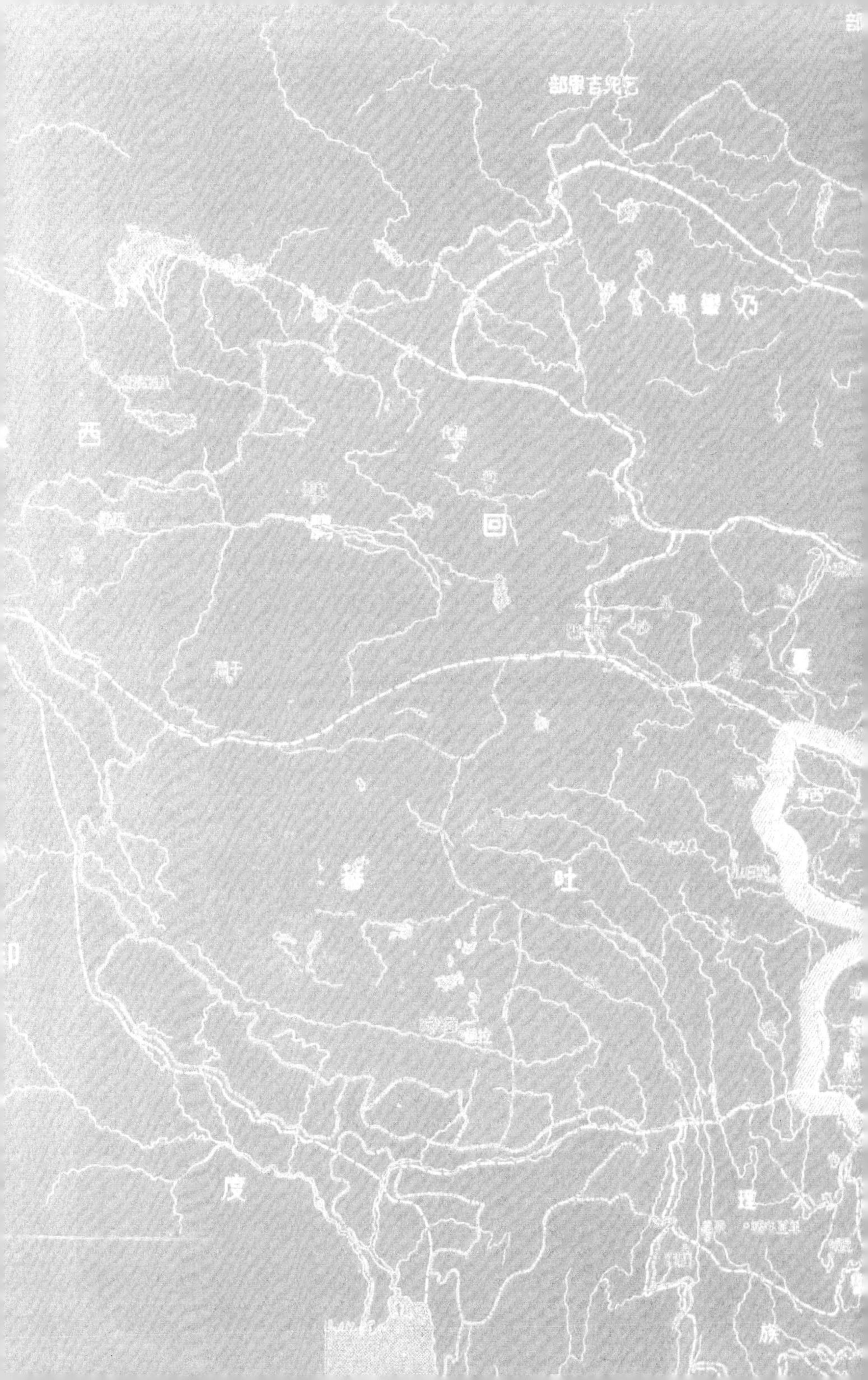
乃蠻部
西
回
吐
蕃
度

京都華夢

通過上面的章節，我們結識了宋帝國的許多君臣，有寧肯亡國，也要防止屬下奪權的趙宋爺們；有落寞宰相王安石，也有得寵宰相蔡京、王黼，還有封王的太監童貫等。除此之外，更有一波又一波的北方強鄰，他們得寸進尺，虎視眈眈於宋帝國的後院。但這一切，似乎沒有影響趙宋帝都的繁華，也沒有影響帝國官員鶯歌燕舞、醉生夢死的情緒，更沒有影響帝國盛世臨朝的姿態。

帝國的綜合實力　接下來，我們將用一連串的數據，來談一談宋帝國的綜合實力。

首先說，數學是我的弱項，同時我也始終覺得，那些阿拉伯數字乾巴巴的，缺乏應有的人文情懷。因為數學不好，才導致我厭談數據（但該談不談，就缺乏說服力）。基於此，本節乃至本書裏的一些相關數據，儘管我竭盡全力去應對，也未必絕對準確。尤其是宋幣（貫）與黃金、美元、人民幣的換算①，不要說是基本準確，能算是一個合理參考，就已經不錯了。畢竟說，黃金在浮動，美元和人民幣也在浮動。把變換中的幣值進行換算，認可率也就可想而知。好在本書是專著於人文，而非經濟，即便存有數據方面的問題，想來也會得到讀者的諒解。倘有專家學者不吝賜教，則不勝感激。

言歸正傳，先來說說宋帝國的人口。一個可以確定的事實是，宋帝國所處的時代即十至十三世紀（掐頭去尾來算，宋帝國立世整整三個世紀），為當時世界的人口大國，頂峰時全國有一億多人（宋帝國十萬戶以上的城市，由唐帝國的十多個增加到四十個）。以北宋首都開封來說，其後期的城市人口已有一百五十萬到二百五十萬之巨。與之相比，同期的日本和高麗首都，也就二十萬人口；巴格達雖為當時世界最大的貿易轉運中心之一，也不過三十萬人口；至於歐洲，當時尚無超過十萬人的城市；處在荒蠻時代的北美（此時距哥倫布發現美洲還有三百多年），就更不值一提了。

數據中最具說服力的，當然是經濟方面了。一則鑄幣對比數據，很能說明問題。北宋的「千古君臣之遇」（即趙頊與王安石）時代，全國年鑄幣五百零六萬貫，而唐帝國極盛時期的李隆基一朝，年鑄幣僅為三十二萬貫。由此可以得出一個結論，帝制中國的頂峰在宋不在唐。更有數據表明，北宋時期的稅峰值達一億六千萬貫，按黃金折價，約為現在的一百五十二億美元。另一項數據告訴我們，北宋當時的GDP，占世界的百分之五十至六十（用美元換算，北宋的人均GDP，估計至少達兩千美元以上）。如果上面的數據八九不離十，宋帝國的綜合實力，無疑是當時全球的惟一超級大國。

但我們要說，北宋如此大的財富，不是分布全國，而是集中在了首都開封。九六五年的一紙詔令說：除各州所需的行政經費外，其餘經費和絲絹等物，一概交送中央。這一經濟政策，導致開封金櫃短缺、庫房緊張。可以說，當時之世界，沒有任何場所像開封這樣，有如此大量的財力流通。由於物質過剩，趙光義在位期間，開封儲備庫內的雨衣和帳幕等材料，才因長期積壓而造成數萬段破損；這顯示出當時財富之集中，開封所控物資之豐富，恐怕為世界之最。更因中央集權，使開封成為全世界最顯著的內陸港口之一。

經濟方面，我們所提出的最後一組數據，顯示北宋社會的結構，已發生重大變化。趙煦即位第一年，即一〇七七年，北宋稅賦總收入為七千零七十萬貫，其中農業稅占百分之三十，工商稅占百分之七十。這說明，構成北宋國家財政收入主體的，已不再是農業，而是工商業了。時人筆記，談到開封皇城界身巷的金銀采帛交易時說：「屋宇雄壯，門面廣闊，望之森然，每一交易，動即千萬，駭人聞見。」進而表明，北宋從農業社會向工商業社會邁進的步幅之大，前所未有。

因此之故，宋帝國在科技、經濟、人文等方面的發展，也才領步世界，如建築之用托架、造船之用艙壁、水鐘和深度鑽地技術、煉鋼及水利紡織機、三弓床弩、指南針、拱橋、火藥、農技、活字印刷術、船艦（宋帝國擁有人類歷史上最龐大的帆船艦隊和商船隊，頻繁遠航至阿拉伯、東非、印度、東南亞和東亞的日本與朝鮮等地），以及完備的消防系統、世界上首次出現的紙幣、銀行信用、陶瓷工藝、占儀、工藝等等。更值一提的是醫療方面，已有了很細的分工，猶如今天的現代化醫療體系，比如小兒科、產科就各自分立。這在世界上，同樣是前所未有。

帝國的人文景觀　宋帝國的稅收結構告訴我們，那是一個商業社會；張擇端②的《清明上河圖》、孟元老③的《東京夢華錄》也告訴我們，那是一個商業社會。下面，我們分別走進這二人的作品，去看看宋帝國，尤其是首都開封，是怎樣的一個商業社會。

人皆熟知的《清明上河圖》，所繪為一一二六年之前的開封市井。十八英尺長的畫卷，就像一個宏大的敘事故事，引領我們從寧靜的郊區鄉村，一直深入到繁華的開封市區；從早晨到傍晚，以全景方式呈現。在五米多長的畫卷裏，有八百一十四人，牲畜八十三頭／匹／隻，船隻二十九艘，房屋樓宇三十多棟，車十三輛，轎十四頂，橋十七座，樹木約一百八十棵。另據《拙堂文話・卷八》（齊藤謙撰）的統計，《清明上河圖》裏的人物竟高達一千六百五十九人，動物二百零九匹／頭／隻。但無論多少人，多少牲畜，從藝術的角度講，這都是不朽之作。畫中人物雖小者如豆，卻衣著不同，神情各異，生動傳神。

畫卷第一部分描繪市郊景物，初春的清晨，薄霧尚未散盡，一片枝芽萌動的小樹林，數間農舍掩映其間，農田泛綠，阡陌縱橫，趕集的人們和馱運貨物的騾馬，從條條道路向城裏進發。

如果說開封郊外是小橋流水人家，那麼開封城內就是屋宇錯落、古柳參差的景致了。引人注目的，首先是穿城而過的汴河（此河東流入淮河，是開封賴以建都的生命線，也是東南地區物資漕運開封的大動脈），河裏各色船舶，往來不斷，首尾相接；有的船艙門窗之上加有涼棚，顯係私人閒遊之用。那些船隻或縴夫牽拉，或船夫搖櫓，有的滿載貨物，逆流而上，有的靠岸停泊，正緊張地卸貨。一座精緻的拱橋，宛若飛虹，溝通兩岸。行人眾多，車水馬龍，人聲鼎沸，熱鬧非凡。一艘大船正要穿過拱橋，桅杆已經放倒，船工握篙盤索。橋上橋下，許多行人駐足觀看。這可以反映出，汴河為宋帝國商業要道的重要性。

當我們順著畫卷走進市內，一個眼花繚亂的世界，便闖入眼簾。十字街頭、大街小巷、高大的城樓、鱗次櫛比的屋宇、茶坊、酒肆、腳店、肉鋪、廟宇、公廨等等，還有街頭普通人愛吃的大排檔、專供達官貴人消費的三層酒樓等等，不一而足。商店中有綾羅綢緞、珠寶香料、香火紙

清明上河圖（局部）

馬、菜刀剪刀之類。此外，還有醫藥門診、大車修理、看相算命、修容整面、彩樓歡門④，各行各業，應有盡有。再看街市之上的行人，有身負背簍的行腳僧人，有問路的外鄉遊客，有聽說書的街巷小兒，有酒樓中狂飲的豪門子弟，有城邊行乞的殘疾老人；有做生意的商賈，有看街景的士紳，有騎馬的官吏，有挑擔叫賣的小販，有乘坐轎子的大家眷屬，有駕牛車送貨的，有趕著毛驢拉貨的，有推獨輪車的。總之，畫卷中的船舶、馱獸、車輛，以及水牛所拉大車上的各種筐袋、圓桶等，無所不包，真可謂「百家藝技向春售，千里農商喧日晝」。這一切足以證明當時的開封，已是商業之都。畫卷所及，可與時人的文字互為印證。

太平日久，人物繁阜。垂髫之童，但習鼓舞；班白之老，不識干戈。……舉目青樓畫閣，繡戶珠簾；金翠耀目，羅綺飄香；雕車競駐於天街，寶馬爭馳於御路。……街心市井，至夜尤盛。夜市直至三更盡，才五更又復開張。耍鬧去處，通曉不絕。冬月雖大風雪陰雨，亦有夜市。

這段文字，出自孟元老的《東京夢華錄》，這本三萬多字的回憶錄，對北宋末年（一一〇二—一一二五年）的首都開封，進行了細緻入微的描寫，什麼外城內城和皇城，什麼河道橋樑，什麼官署衙門，什麼街巷景色、集市廟會、市井風俗，什麼店鋪酒樓，什麼朝廷朝會，什麼郊祭大典，什麼時令節日，什麼起居飲食，什麼歌舞百戲等等，城市生活的細節，一一道來，令人眼花繚亂，目不暇接。

孟元老尤其在提到飲食時，更是不厭其詳，僅飯菜計百餘樣，如新法鵪子羹、假河魨、胡餅、蔥潑兔、炒蛤蜊、蓮花鴨簽、酒蟹之類；乾果計五十餘樣，如銀杏、栗子、河北鵝梨、膠棗、橄欖、龍眼、荔枝、甘蔗、芭蕉乾之類（看得出，南方水果在這座北方都市，也是大行其道）；大型高級酒樓更達七十二戶之多，如豐樂樓、潘樓、欣樂樓、遇仙正店、中山正店、高陽正店、清風樓、長慶樓、八仙樓、班樓、張八家園宅正店、王家正店、李七家正店、仁和正店、會仙樓正店等（孟元老記開封諸酒店，說「必有廳院，廊廡掩映，排列小閣子，吊窗花竹，各垂簾幕，命妓歌笑，各得穩便」）；至於商業各行，也是五花八門，如薑行、紗行、牛行、馬行、果子行、魚行、米行、肉行、南豬行、北豬行、大貨行、小貨行、布行、邸店、堆垛場、酒樓、食店、茶坊、酒店、客店、瓠羹店、饅頭店、麵店、煎餅店、瓦子、妓院、雜物鋪、藥鋪、金銀鋪、彩帛鋪、染店、珠子鋪、香藥鋪、靴店等等。有意思的是，開封城內的相國寺（魯智深曾經是這裏的菜園主管），每月五次開放萬姓交易，什麼飛禽、貓犬、珍禽、奇獸、蒲合、簟席、屏幃、洗漱、鞍轡、弓劍、時果、臘脯、蜜煎、花朵、珠翠、文房四寶、書籍、圖畫、土物、香藥、金銀鑄羅漢、佛牙、飲食、茶果等，無所不有。由此可見，宋帝國的經貿活動，何其昌盛。

孟元老筆下的文化生活，更是繁極一時，什麼唱的、演的，寫的、畫的，鼓笛的、跳舞的，吞劍的、雜耍的，嵇琴的、說書的，玩木偶、弄皮影的，等等，不一而足。僅《東京夢華錄》中說得上名來的文藝明星，就高達七十餘人，如李師師、徐婆惜、封宜奴、孫三四等。這一格局，用孟元老的話說，就是「奇術異能，歌舞百戲，鱗鱗相切」，好一派盛世景觀。

當然了，奪人耳目的，還要說那幫學術明星，以尹常賣、孫寬、孫十五、曾無黨、高恕、李孝詳等人最為耀眼。因為尹常賣所講的《五代史》，頗合趙宋當局的執政理念，是以成為頭號學術明星。政變頻仍乃五代特點，防變則是趙宋國策。尹常賣講《五代史》，其警示性意義，無異於配合時政，所以我說他是借勢成名，這與今之百家講壇上造就的某些學術明星（實為學術小丑），沒有什麼兩樣。開封作為帝國的政治、經濟、文化中心，自有其光明處，也自有其陰暗的角落，但無論如何，它給人的印象，繁華總是占據人們的第一感官，我們稱它為那一時期首屈一指的國際大都市，絲毫不嫌誇張。

從宋帝國著名詞人柳永的一首詞裏，我們看到了同樣的誇飾性言詞，他寫到：「帝里風光好，當年少日，暮宴朝歡。況有狂朋怪侶，遇當歌對酒競流連。」帝都風光之好，讓詞人「對酒競流連」，乃至「暮宴朝歡」。我們從岳飛的元宵節詞〈燭影搖紅〉裏，也能看到這樣的景致：「玉殿珠簾盡捲，擁群仙，蓬壺閬苑。五雲⑤深處，萬燭光中，揭天絲管。」周邦彥的元宵節詞，也佐證了開封夜景之盛，什麼蓮花彩燈，萬千交輝；什麼美女細腰，衣裳淡雅；什麼人影參差，滿路飄香；什麼千門如畫，嬉笑遊冶等等，讓今天的人充分領略了當時開封的繁華，也就是孟元老所說的「花陣酒池，香山藥海，別有幽坊小巷；燕館歌樓，舉之萬數，不欲繁碎」。再如：

太平時節元宵夜，
十里燈球映月輪。

多少王孫並士女，
綺羅叢裏盡懷春。（《喻世明言》第二十三卷）

千門燈火，九衢風月。繡閣人人，乍嬉遊、困又歇。豔妝初試，把珠簾半揭。嬌羞向人，手撚玉梅低說。相逢長是，上元時節。（胡浩然：《傳言玉女》）

最後，我們再來看看魯智深眼裏的開封景致：

千門萬戶，紛紛朱翠交輝。三市六街，濟濟衣冠聚集。鳳閣列九重金玉，龍樓顯一派玻璃。鸞笙鳳管沸歌臺，象板銀箏鳴舞榭。滿目軍民相慶，樂太平豐稔之年；四方商旅交通，聚富貴榮華之地。花街柳陌，眾多嬌豔名姬。楚館秦樓，無限風流歌妓。豪門富戶呼盧，公子王孫買笑。景物奢華無比並，只疑閬苑與蓬萊。（《水滸傳》第五回）

上之所寫，依舊是開封的富貴與繁華。可以互為印證的是，不僅首都開封如此繁華，就連當時的縣城，亦繁極一時。《水滸傳》第三回寫魯智深畏罪潛逃，來到代州雁門縣：「入得城來，見這市井鬧熱，人煙輳集，車馬駢馳，一百二十行經商買賣，諸物行貨都有，端的整齊。雖然是個縣治，勝如州府。」縣城尚且如此，那首都開封的繁華，也就證為不虛了。

之所以不厭其煩地引用歷史深處的文本，也無非藉以還原一個真實的北宋帝都之風貌。難怪司馬光哀歎開封奢靡成風時說：「現在的農夫走卒居然也穿上了絲製的鞋子。」難怪英國史學家湯恩比說：「如果讓我選擇，我願意活在漢人的宋帝國。」難怪西方學者說，宋帝國同時代的歐洲君主，其生活水平還比不上開封一個看守城門的士兵；難怪北方強鄰對宋帝國虎視眈眈，那原因不是宋帝國對他們構成什麼威脅，而是宋帝國首都的財富，實在是誘惑難當。或許趙宋政府意識到了其中的某個問題，他們每年接待遼帝國使節時，才會在邊境口岸，派專人繞路引導，一來是不想讓契丹人知道國內路徑，二來以顯大宋疆域之遼闊。更重要的是，在招待遼帝國使節酒宴時，儘量平實無華，以免引狼入室。

還記得我們前面講到的那個王黼嗎？這位趙佶時代的宰相，竟然反其道而行之，高調接待金帝國外交官，即下令派專車把人家，直接從燕京護送至開封。宴請對方時，王黼更以金銀寶物，炫富耀盛。這讓金帝國大生覬覦之心，加之他們已知道了通往宋帝國的捷徑，南侵只是時間問題。

綜上所述，趙宋是世界同期國家中，人口最多、首都最大、經濟最繁榮、科技最發達、文化最昌盛、藝術最高深的帝國。然而，我們又不得不說，事實上的趙宋帝國，卻一直匍匐在北方各國腳下，而成為中國歷史上最為軟弱的一個朝代。這除了宋帝國的立國精神出了嚴重問題外，還可能有別的原因嗎？王夫之之所以將宋帝國貶為「陋宋」，是因為在他看來，宋帝國統治者以武將發動兵變、篡位開國，只想著如何維護自己一家一姓的統治，想盡辦法壓制武將，結果削弱了國家武力，終至亡國。

在我看來，宋帝國的經濟政策也未嘗不是一個關鍵因素。唐帝國地方收入，部分上繳中央，部分留在地方，宋帝國則要求地方的收入全部上繳中央（當然，這也與防變政策有密切關聯）。地方惟其積弱，金兵一到，中央一垮，就等於全國皆垮。唐帝國雖有安史之亂，卻不致亡國，原因就在於，中央沒了（逃離首都），地方勢力卻還在，也就能重整河山，最終治平天下。

① 下表中的幣值換算，僅供參考。
一兩黃金＝十兩白銀＝十貫銅錢＝一萬文銅錢
一兩銀＝一貫銅錢＝一千五百到三千元新臺幣
（或更多）

② 張擇端，山東諸城人，生平無考，大約生於北宋趙頊時代，卒於南宋趙構時代。年輕時遊學開封，後任職翰林圖畫院，擅繪舟車、市肆、橋樑、街道、城郭。作為專業畫家，張擇端以歌頌太平盛世的基調，創作了《清明上河圖》，並把它獻給當朝皇帝趙佶。需要指出的是，這裏的「清明」一詞，非指節令裏的那個「清明」，而是政治清明之意。換言之，《清明上河圖》是歌功頌德之作。歪打正著的是，這幅主旋律作品，為後世研究北宋經濟史、民俗史，提供了依據。但今天的讀者切莫混淆，張擇端畫筆下的盛世，僅僅針對開封，尤其針對皇親國戚、達官貴人而言，它不屬於北宋人民。進一步說，就是北宋人民用血汗錢，鑄造了開封的盛世，鑄造了皇室及各級官吏奢侈糜爛的生活。相關內容，參見第一章〈風雪夜敲門・皇恩浩蕩〉。

③ 孟元老，原名孟鉞，號幽蘭居士，曾做過開封府的中下級小官，他在首都開封共度過二十三年時光。開封的繁華景致，隨著靖康之變，已是風流成悵恨。偷安江南的孟元老，含淚憶故國，遂於一一四七年，撰成十卷本的《東京夢華錄》。其更多生平，他書無載。

④ 彩樓歡門實際為裝飾行業。我們說，這已然為第三產業了。《東京夢華錄》卷二載：「御街酒樓，凡京師酒店，首皆縛彩樓歡門。」卷六載：「正月一日年節，開封府放關撲三日，皆結彩棚。」《金瓶梅》第六十五回載，西門慶受山東巡撫之託，在自己家代為接待首都來的欽差大臣黃太尉，他家的大門上，就紮了七級彩山，廳前紮了五級彩山。彩棚與彩山，叫法不同，意思一樣。今天逢年過節，各單位、各小區大門上，乃至私人庭院門上，都要張燈結綵，這在宋帝國，就叫做彩樓歡門或彩山。

⑤ 即祥雲。

狼來了

與狼共舞　金帝國南侵的戰略雄心，不是一日之間形成的。為了理清這個問題，我們須做一個鋪墊，話就從一一一一年說起。這年九月，童貫出使遼帝國，祝賀耶律延禧皇帝的生日。童貫返抵遼帝國南疆重鎮蘆溝橋時，在下榻的招待所裏，遇到燕京籍人馬植。這位華裔愛國者，雖然生在他鄉，並且做過遼帝國的光祿卿（掌皇室膳食），卻依舊是中國心，他希望自己的故鄉能重回祖國，於是就向童貫提出收回燕雲十六州的秘密計劃。

童貫為官為宦，有許多為人所指責的劣跡，但在對外上，不曾泯滅作為一個中國人的良知。他聽了馬植的獻言，大為興奮，隨即將馬植悄悄帶回，晉見趙佶。馬植介紹說，遼帝國的軍政官員，享受腐敗日久，全國呈現一派頹廢局面。因其頹廢，才使得女真部落脫幅而去，自立為金帝國。種種跡象表明，眼下的遼帝國，不堪一擊。馬植建議宋、金聯手滅遼，收復中原王朝以來喪失的北部疆土。趙佶立即批准了馬植的計劃，他急於收復燕雲十六州，以實現列祖列宗百年來不能實現的夢想。我們所不知原委的是，這一戰略計劃，拖了七年才實施。

一一一八年春，趙佶派人從山東登州渡海到東北，與金協商聯合滅遼事宜。對於建國只有四年的金帝國來說，具有百年歷史的宋帝國，是當然的老大哥，人家屈尊上門洽談聯盟，這簡直是莫大的抬舉。所以金帝國欣然應答，並隨即派人經海路赴宋，商討滅遼細節。雙方使節幾經往返，於一一二〇年達成滅遼協議，約定於一一二一年夾攻遼帝國。因雙方使節的密談來往於海上，故而又把這個協議稱之為「海上之盟」。

夾擊遼帝國的軍事行動開始後，宋帝國這邊節外生枝，發生了方臘領導的江南民變。趙佶只好採取「攘外必先安內」的策略，命童貫先去征討方臘。一一二一年，方臘起義軍被撲滅後，童貫回軍攻遼。這中間，已過去一年的時間，金帝國未因宋帝國的失約而停止軍事行動。進入腐敗末期的遼帝國，在金軍兇猛頑強的攻擊下，已成摧枯拉朽之勢。

一一二二年一月，姍姍來遲的宋帝國將士，在得知遼軍潰敗的信息後，深受鼓舞，他們據此得出一個基本的判斷，即遼帝國已經風燭殘年，只須輕輕一推，便會無聲無息地倒地而亡。於是個個摩拳擦掌，躍躍欲試。童貫率領的宋軍至河北雄縣白溝河鎮後，隨即兵分兩路，向遼軍發起進攻。一個值得注意的細節是，當時的遼末帝耶律延禧逃往內蒙古武川陰山一帶，因與外界失去聯繫，其叔父耶律淳親王在燕京繼位，抵抗女真族起義部隊。而就在這時，宋軍從遼軍背後給了他們一刀，令耶律淳萬分震驚，他沒有想到，一向卑躬屈膝的宋帝國，會在這個時候顯得如此雷霆萬鈞。陷入腹背受敵的耶律淳緊急派人去見童貫，遼使說：「女真族叛變作亂，貴國也應對它厭惡與抵制。如果貴國貪圖眼前小利，捐棄與遼帝國的百年友誼，去交結豺狼，將來只會種下無窮禍根，敬請貴國認真考慮考慮。」

從戰略的角度講，耶律淳的話不無道理。但宋帝國將士不會忘記，耶律淳嘴裏所說的「友誼」，其實是宋帝國拿巨額歲幣向他們購買的。所以，他的話再有道理，也不被童貫等所接受。宋帝國的將士，現在所急需考慮的，就是一雪百年之國恥（向遼帝國低頭、納貢百餘年）。於是，童貫繼續督軍前進。遼軍無奈，只得迎戰，兩國部隊遭遇蘆溝橋，結果卻出人意料，宋帝國兩路大軍同時潰敗。讀者不妨留意一下，這是宋遼兩國自一〇〇四年簽訂「澶淵之盟」以來，第一次大規模正面軍事衝突。一個世紀的冤家對頭，百年後再一碰面，依舊是遼強宋弱的軍事格局。聯想到上一節「京都華夢」裏的那些驚人數字，聯想到宋帝國在經濟、文化等方面的超級霸主地位，就覺得宋軍在遼軍面前的潰敗，恍如夢幻一般。更加離奇的是，宋帝國兩路大軍的同時潰敗，還不是最終結果，我們接著往下看。

自行即位的耶律淳，僅僅當了四個月的皇帝，便一命嗚呼了，他的妻子蕭皇后①接班執政。對於遼帝國來說，正值屋漏偏遭連夜雨的這麼一個艱難時期，其河北涿州、易州戰區司令郭藥師，因與蕭皇后不睦，遂投降宋帝國，並獻上兩州土地。這極大地提振了宋帝國中央政府的信心，趙佶命童貫做第二次北伐。蕭皇后大為緊張，她立即派遣使節韓昉晉見童貫，奉上降表，請求念及兩國百年友誼，停止進攻，遼帝國願降為臣屬，永為屏藩。這時的童貫可謂得勢不饒人，他把遼帝國的降表往地上一甩，對著韓昉厲聲呵斥道：「滾出去！」韓昉走出帳外，在庭院中仰天哀號：「遼宋兩國，百年和好。盟約誓書，字字俱在。你能欺國，不能欺天。」遂痛哭而去。

在宋金聯盟滅遼的戰爭中，遼帝國兩度向宋帝國乞和，但都被嚴詞拒絕。這個時候我們更容易認識到，將才的重要性。宋遼兩國百年和好不假，宋帝國向遼帝國購買和平也不假，宋帝國上下欲雪百年國恥的心情也可以理解，但問題的關鍵是，作為一個帝國，任何時候都必須具有長遠的戰略眼光，審時度勢，運籌帷幄。國際間的爭端，憑一時之性、一時之快，於事無補，也往往會弄巧成拙，乃至釀下大禍。我這番觀點，當然是針對一個正常國家而言的，比如對於宋帝國，就等同於對牛彈琴。他們平時排擠將才不說，就是到了兩軍交戰的關鍵時候，也不用將才。用誰呢？用文官作前線指揮，甚至用童貫這樣的宦官作前線指揮。

將才之所以是將才，是因為他不僅有作戰的經驗，還有運籌帷幄的能力。以遼帝國兩度乞和宋帝國為例，這本來是顯示前線指揮官才能的一個最佳時機。遺憾的是，童貫只是一個閹人，而不是將才，因此他也就錯過了為宋帝國保留一塊屏障的機會。我們說，這個屏障就是遼帝國，有它的存在，哪怕是苟延殘喘，也等於在宋金之間，建立起一塊緩衝地帶；有它的存在，宋、遼、金就等於形成相對穩固的三角關係。宋帝國上下一葉障目，童貫更是急於再立戰功，所以，宋軍在韓昉走後，立即對燕京進行突襲。結果依舊是出人意料，孤注一擲的遼軍發起猛烈還擊，一路把宋軍追殺到蘆溝橋，使之潰不成軍，屍體盈路。就這樣，近二十萬宋軍戰死，近於全軍覆沒。

這個結果，是宋帝國上下萬萬沒有想到的，已垂垂暮年的遼帝國，在金軍面前雖不堪一擊，可與宋帝國比，仍屬強者。所以我們看到，宋軍進攻的雖然只是遼軍殘部，卻一敗塗地，收復失土更無從談起。這足以說明，宋之末期腐敗，遠甚於遼。

戰爭的另一方金帝國，在接到宋軍潰敗的消息後，大為震驚，他們固然知道宋軍衰弱，但沒有料到衰弱到這等地步。通過聯盟，通過戰爭，金帝國窺伺到，海之南邊的宋帝國名不副實，他們空有建國百餘年的大架子，看上去雖富有四海，實際上卻比遼帝國還頹廢。宋帝國的軟弱，以及他們那令人垂涎三尺的財富，觸動了女真人心中的那塊癢癢肉，他們開始考慮南下，做一統天下的長遠規劃。用老子的話說，這就叫做：「不見可欲，使心不亂。」既然眼前擺著這麼大的一個誘惑，對於蓬勃發展的金帝國來說，他們不南侵都做不到。這都是後話，放下不提。

戰爭在繼續。把二十萬宋軍一鍋端的遼軍，卻又被金軍打得落花流水，完顏阿骨打皇帝御駕親征，一路打到燕京，蕭皇后逃走，戰事結束，遼帝國最終走出了歷史的視野。宋帝國應該清楚，這場滅遼戰爭的主角是金帝國，贏家也是金帝國。但就在這種情況下，宋帝國仍派馬植到燕京，向金帝國索取燕雲十六州。一批昏聵的高官如蔡京、王黼等，更是異想天開，命馬植除了索取燕雲十六州外，還要額外索取河北三州，即平州（盧龍）、灤州（灤縣）、營州（昌黎）。說來話長，這三州是唐帝國末年，盧龍戰區司令劉仁恭失於當時契丹部落的。現在拿來說事，多少有些八竿子打不著了。完顏阿骨打直截了當地告訴馬植：「三州的事不必胡思亂想，而且連金宋兩國的『海上盟約』也作廢，因為你們姍姍來遲，所有戰事基本都是我們自己完成的。」

不過，完顏阿骨打貪圖宋帝國的進貢，他答應把太行山以東的七個州交給宋帝國。附帶條件是，燕京是金軍攻陷的，所以燕京的賦稅應納於金帝國。馬植回國報告，趙佶急於取得這場戰爭的勝利，於是接受了完顏阿骨打的全部條件。兩國遂於一一二三年簽訂友好和約。相關內容，我們已在第五章〈皇室賊囊團・皇宮肉掌櫃〉一節提及，此不再贅。

引狼入室　一一二五年十月，金帝國終於擋不住物質的誘惑，對昔日的盟國下手了。金軍洶湧澎湃，勢不可當地向中原撲來②。金軍僅以四萬人南下，一路如入無人之境，連破宋帝國二十七州，劍鋒直指開封。金軍大舉南侵的告急文書，接二連三湧到趙佶案前，使他魂飛天外：「想不到女真竟敢如此無禮！」說完，眼前一黑，跌下龍床，昏厥過去。

這個時候，我們回過頭去，想一想一一二二年初，遼使晉見童貫時所說的那番話，正像一個預言，步步為營地逼近宋帝國。當年，那位遼使的話是這樣的：「如果貴國貪圖眼前小利，捐棄與遼帝國的百年友誼，去交結豺狼，將來只會種下無窮禍根。」如今，遼使所說的「無窮禍根」，已然呈現在眼前，趙宋帝國的當家人趙佶，也只有昏死的份兒。

同年十二月十三日，在金軍兩路攻宋的危機中，四十四歲的趙佶傳位二十六歲的長子趙桓，自稱太上皇。趙桓繼位，改元靖康，意思是希望帝國安定大吉。然而，這卻由不得趙宋政權說了算，還要問問金軍答不答應。一一二六年一月，趙桓嚴令宋將死守黃河一線，他派遣大將何灌率國防軍兩萬人，前去增援黃河守軍。士兵們戰戰兢兢，哆裏哆嗦，好不容易爬上馬背，卻又兩手緊抱馬鞍，不敢鬆開。這使我們想起「澶淵之盟」

那年的一件事，河北大名戰區司令官王欽若（他以副宰相之職兼戰區司令、兼河北省省長），看到遼軍從城下經過時，竟然嚇得大小便失禁。宋帝國的司令官尚且如此，士氣又該是何等狀態呢？我們說，這就是趙宋政權為防兵變，讓文官擔任統帥的必然結果；具體到當下，則是為防兵變禁止部隊訓練的必然結果。歡送作戰部隊出征的開封市民見狀，無不震駭，他們如喪考妣，似乎已經預感到末日的來臨。更加離奇的是，金軍未到，黃河兩岸的守軍即望風而逃，金軍在五天之內，即全部安全渡過黃河天險。渡河時，金軍嬉戲打鬧，猶如度假遊玩，因不見宋軍蹤影，個個譏笑南國無人，說：「如果宋軍出兵一兩千守河，哪輪到我輩到南岸。」

趙佶聽到金軍渡過黃河的消息，親領前政府官員蔡京、童貫、朱勔等，一路逃往河南商丘，隨行的軍隊竟達到兩萬多人。趙桓卻無法一走了之，他只能硬著頭皮留下來，與現政府同舟共濟。在趙桓召集的緊急會議上，分為主和、主戰兩派的文武大臣，彼此爭執不下，主和派以宰相李邦彥為首，建議遷都；主戰派以祭祀部副部長李綱為首，強烈要求趙桓御駕親征。會議還沒有開完，金軍已抵達開封城下。趙桓最終採納了李綱的意見，並委以指揮重任。李綱雖是文臣，他臨危受命指揮抗金，致使敵軍死傷萬餘，也不能破城（開封城防，分為皇城、內城、外城三道城牆，城裏套城，門裏套門，層層疊疊，易防難攻）。與此同時，各地勤王的兵馬，也陸續趕來；特別是西北名將師道、姚平仲部隊的到來，進一步減緩了京城被圍的壓力。

負責攻宋的金帝國將軍完顏宗翰、完顏宗望（其女真名分別叫粘沒喝與斡離不），知道不能攻入開封，就派出使節講和，他們提出的和平條件，實際就是向宋政府開出的一個訛詐清單，他們希望得到如下所謂的補償：黃金五百萬兩，銀幣五千萬兩，牛馬一萬頭，綢緞一百萬匹；除把太行山之東七州交還金帝國外，再割河北中山、山西太原、河北河間三鎮。同時要求趙桓尊金帝國皇帝為伯父。

金軍的訛詐，遭致主戰派們的強烈反對。然而懦弱無為的趙桓，一看見和約，就如同溺水者看見救命稻草一樣，不管結果如何，閉著眼就撲了上去。他的想法很簡單，一切以保住趙宋江山為要。於是立即下令，用軍法搜刮民間和妓院的金銀，從而得金二十萬兩，銀四百萬兩。這與金軍的要求，相差甚遠。然而，開封市內的民間財物，已是掠奪一空。對此，李綱、种師道力加勸阻。姚平仲更以夜襲金營的方式，表達他對趙桓向金軍妥協的不滿。難以置信的是，城內的主和派，竟然事先把姚平仲的行動洩露給了金軍，致使偷營慘敗。這同時也惹怒了金軍統帥完顏宗望，他派人入城，斥問趙桓何以失信。膽戰心驚的趙桓，隨即做出幾個致命的決定：一、立即下詔罷免了李綱和种師道的職務；二、他本人親赴金營，卑躬屈膝地獻上降表；三、下令各路勤王兵團停止向開封進發；四、鎮壓民間的抗金組織；五、迅即完成三鎮的交割簽字儀式。

在金軍圍困開封一月無果的情況下，身為一國之主的趙桓，竟然以賣國的方式向金軍表達謝罪之意，令開封三十萬堅決要求抗金的軍民，大失所望。趙桓的行為，若是處在民族主義時代，相信他早已成為頭號漢奸、頭號賣國賊。即便是在十二世紀，開封市的群眾同樣難抑胸中怒火，紛紛走上街頭，抗議趙桓賣國求榮的行徑。在遊行集會中，最為亮眼的一顆政治明星是太學生陳東，他率領太學生及軍民十餘萬人，雲集皇宮門前請願。這可以說是宋帝國版本的「五・四」運動，由太學生發起，志同道合的軍民相應助威，我們把這樣的請願定義為學生運動，大概沒有多少疑義。不過，陳東等人的請願內容，還是令人玩味的，他們要求殺了蔡京、童貫等六賊，反對割讓三鎮，反對向金軍求和，強迫皇帝重新起用主戰派李綱、种師道等，堅守開封。一看便知，陳東等把皇帝趙桓賣國求榮的干係，撇得乾乾淨淨。我們讀《水滸傳》，也總能讀出「只反貪官，不反皇帝」的類似意旨。

國難當頭，學生請願，雖有不足，但值得肯定。需要注意的是，宋帝國的學生請願運動，並非陳東的發明創造。其實早在西漢時期即西元三年，這樣的事就已經發生過了。當時一位叫鮑宣的京師地方長官，在執法過程中，因與宰相孔光發生摩擦，後又連帶出不守臣節的罪名而被捕入獄。太學生認為鮑宣是正義一方，故而予以請願營救。組織者為博士弟子王咸，他把旗幡一舉，說支持營救鮑宣的人，就請站到幡下來。呼啦一下，一千多名太學生就成了他的追隨者。那時的西漢，僅有太學生三千人，就被王咸拉走三分之一還多，可見王咸的號召力之強，西漢太學生參與政治的熱情之高。皇宮門前的請願隊伍，給漢哀帝劉欣造成極大壓力，他最終不得不做出妥協，從寬處理鮑宣，進而得到請願學生們的諒解。

王咸舉幡的故事，受到宋帝國學者們的廣泛讚譽，其中劉克莊的話最能激盪人心，他說：「舉幡而集闕下，不亦壯哉；衣錦而還故鄉，可謂榮矣。」在這種人文環境下長大的陳東，於民族存亡的關鍵時刻，自然也能夠效法王咸舉幡的故事。超乎想像的是，陳東舉幡，站到他旗下的不僅僅是太學生，還有開封的百姓，還有帝國的請戰官兵。更超乎想像的是，陳東旗下的學生和軍民，不是一千，也不是一萬，而是十多萬。我們想像一下，十多萬人「撾鼓闕下，經日不退」（《宋史‧聶昌傳》），那該是一個何等壯觀的場面。在集會期間，皇宮裏時不時派出內侍，前來探聽風聲，結果是出來一個，就被情緒激動的請願者殺死一個，局面大有失控的危險。趙桓在強大的壓力面前，不得已起復李綱、种師道。

主戰派暫時勝利了，軍民為之歡慶，爭相殺敵。城外的金軍得了三鎮和無數金銀，見開封城內軍民抵抗日烈，城外的增援部隊日近一日，怕夜長夢多，不等金銀數湊足，即刻引兵北返。

金軍撤退之後，趙宋政府又恢復了它原有的生存狀態，抱殘守缺，苟且偷安，一切如故。隨即，趙桓卸磨殺驢，再次罷免了李綱。宋政府對於陳東的處理，起初是想採取秋後算賬的辦法，將其逮捕入獄，因怕引起眾怒，遂改賜陳東官職。陳東不受，接連上書，堅持請殺六賊。陳東的書生氣就在於，他不知道那六賊，眼下並不在趙桓皇帝的掌控之下，他們早已隨太上皇趙佶南逃了。即使趙桓想殺六賊，也鞭長莫及。更何況金軍很快二度入侵，造成開封徹底淪陷。這時的陳東已無力他顧，只得南逃了事。南宋時，陳東再次上演請願戲，希望挽留李綱。趙構皇帝以顛覆國家政權罪，將其處斬。說起來，這都是後話了，放下不提。

回過頭來，我們繼續金軍第一次撤走後的話題。趙佶接到金軍北返的消息，即刻逃難歸來，他在返回開封途中，憂慮於首都的安全性，提出暫居洛陽③。趙桓清楚，他父親逃跑時帶走的是前政府班底，這次歸來，依舊是原班人馬，且有兩萬多軍隊扈從；如果答應父親另住一處，勢必會出現兩個中央政府。想到這裏，趙桓一口回絕了他父親定居洛陽的請求。趙佶無奈，只得率舊部回到開封，安於龍德宮。坐立不安的趙佶，深知金軍還會殺個回馬槍，他是一計不成，再生一計，哀求兒子趙桓准他去洛陽招兵買馬，以備不測，結果也被斷然拒絕。

過了沒多久，趕上趙佶生日，趙桓去龍德宮祝壽，趙佶先飲一杯，然後親自斟酒與兒子。趙桓的隨從警示性地踩了他的腳一下，暗示酒裏可能有毒。趙桓立刻心領神會，謊稱身體不適，拒飲父親敬他的酒。趙佶兩請去洛陽，被兒子駁回；今天是自己的生日，無論是作為父親，還是作為太上皇，給兒子敬酒，那都是天大的情份，兒子卻不予領受，這讓趙佶傷心欲絕。此時此刻，趙佶所有的委屈一湧而出，當著兒子及其隨從們的面，一無掩飾地號啕大哭，然後掩面離開餐桌。趙桓不為所動，相反下令封鎖龍德宮，趙佶身邊的幾個太監，也一併被趙桓拿下。趙佶這位遇敵即逃的退休皇帝，從此再也無法得知宮外的任何消息，金軍二度殺來的時候，不要說逃跑，他連消息都不知道，惟一能做的就是坐以待斃。

趙佶沒有算錯，金軍遲早是要再來的。果然，金帝國於一一二六年八月，對宋帝國發起第二次進攻，他們仍兵分東西兩路南下。近三十萬的宋軍，奉命沿途抵禦，但這些老爺兵們，依舊是望風而逃；金軍依舊是長驅直入，僅用兩個月的時間，就占領了華北三十多萬平方公里的土地。十一月，兩路金兵十萬多人會師開封城下——黑壓壓的金兵，嘩啦啦的軍旗，令城內的官民不寒而慄。金軍稍加休整，就開始了攻城行動。

①中華帝制史上的蕭皇后何其多，不要說隋帝國楊廣的蕭皇后，單是遼帝國，蕭氏皇后就有好幾個。本注釋下的蕭皇后，既不是赫赫有名的蕭太后，也不是那位工詞善彈的蕭皇后（蕭觀音），而是遼帝國末年的蕭皇后，她在遼史上，屬於曇花一現式的人物，故不多贅。

②金軍進入中原，所到之處，特別是無法占領的地區，一律實行三光政策，並強制推行落後的奴隸制生產方式，使這些地區的社會發展嚴重倒退。黄河流域在異族的長期統治下，農業遭受空前的破壞，工商業也極端衰落。黄河以南，淮河、長江以北，廣大肥沃的土地，變成一望無際的荒涼戰場。五代時，契丹人的軍隊也曾占領過開封，他們撤兵後，開封方圓數百里的鄉村，以及契丹部隊所過之處，同樣被洗劫一空。不僅如此，他們還進行殘酷的屠城，如河南安陽就有十萬人被屠殺。最後，全城只剩下七百多活人。僅此而言，作為北方少數民族的契丹人和女真人，他們對中原長達三百多年的入侵與占領，除了破壞與掠奪之外，沒有任何積極有益的作為。宋帝國君臣固然存在不可原諒的性格缺點，但塞外少數民族的野蠻行徑，以及他們對農業文明的摧殘，同樣需要嚴厲譴責。

③北宋帝國共有三個都城，開封為首，稱之為東都；在開封以西一百三十里的洛陽為西都，用以扼制經軍事要隘潼關自西北而來的進犯；開封以東約八十里處的商丘稱之為南都，亦稱南京。

河山如此破碎

金軍抵達開封後，對這座都城進行了長達四個月的凌辱與鞭打、折磨與搜刮。對於宋帝國上上下下，這無疑是腥風血雨的四個月。讀遍歷史，世界上還沒有任何一個國度，淪喪到宋帝國這等悲慘境地。

哀嚎震天的一個月　這是一一二六年末的一個月，這是宋帝國權貴和開封百姓度日如年的一個月。十一月二十六日，開封百姓害怕金軍屠城，一時間，三十萬人奔赴宣德門，請求發給他們武裝，以求自衛。見群情激昂，趙桓再也不能安坐皇宮，他倉皇而出，一連四天，戎裝馳馬，視察東西南北四城。每至一處，士卒吃啥他吃啥，百姓喝啥他喝啥，感動了無數的軍民。皇后與宮女親自縫製衣被和護領棉套，送往一線將士手中。在皇帝與皇后的感召下，開封軍民踴躍抗金。遺憾的是，城內只有三萬禁衛軍和未經訓練的居民，不久就因為激戰死掉大半，又因為連降大雪，凍死凍傷很多守城士兵（京城居民亦凍死無數），開封漸漸不支。

十二月二十二日，趙桓下詔，允許軍民砍伐皇家園林取暖。此令一下，千萬軍民如匪如蝗，湧向萬歲山①。一時之間，皇家園林人滿為患，棵棵大樹，哄然倒地；樓臺亭榭，瞬間塌毀。因為軍民爭奪甚烈，死者不計其數。有被倒塌的牆垣壓死的，也有在擁擠中被踐踏死的，還有相互毆擊致死的。幾乎就在眨眼之間，皇家園林化為一片廢墟，到處濃煙滾滾，屍體遍野，那比一場敵對戰爭所帶來的場面還可怕。

趙桓已無法顧及這一切，他現在惟一祈求的是增援部隊的快快到來。然而，這時他才發現，自己當初卸磨殺驢的行為，開始顯現出奇效。金軍第一次攻宋撤退後，趙桓為了防變，他貶斥李綱、解散抗金組織、驅離各路勤王部隊。當下是他最需要後援部隊的時候，可被他驅離的帝國部隊，離京城都很遠，就是急行軍，漫漫長路、漫天大雪，也需要一定時間，更何況趙桓的親弟弟、兵馬大元帥趙構，拒絕援軍首都。關乎帝國存亡之際，趙宋自家爺們尚且如此背國，你又怎能要求他人呢？趙桓無奈，只好赤腳跪在地上，祈禱老天保佑趙宋江山不亡。

趙桓的祈禱未能奏效，在漫天飛舞的大雪中，金軍採用雲梯登城成功。金軍一入開封城，就如八百多年後的日本人攻入南京城一樣，燒殺掠奪，無惡不作。驚恐之中，開封城內數十萬帝國軍民，哀號四散。開封就這樣陷落了，連日的大雪，也隨之戛然而止。潰敗的宋軍將士，情緒低迷，趁亂劫殺，死屍盈路。傍晚時分，金軍又火上澆油，四處縱火，成片的貴族園林和居民宅院被點燃，火光映天，晝夜不息。在這場浩劫中，蔡京的豪宅被縱火焚燒，最後只剩下一座橋；被趙佶讚為「好快活的地方」的王黼大花園，也被燒得破敗不堪。

開封陷落當夜，金軍因不瞭解城內的情況，未敢於城中宿營。這倒給宋帝國潰兵一個燒殺掠奪的機會——開封好比一個人，他被金軍脫光衣服後，卻由宋帝國的潰兵自己來凌遲。好個不幸的國際大都市，無論是張擇端畫筆下的《清明上河圖》，還是孟元老筆下的《東京夢華錄》，一個「千門萬戶，朱翠交輝」的都市，就這樣毀於一旦，它使我們聯想到後來的圓明園、揚州以及南京，後者之不幸，猶如對開封之不幸的複製。我們這個民族為什麼總是在複製不幸？又為什麼總有那麼多的漢人助紂為虐，幫助異族複製我們的瘡疤？這又是另外的話題了，打住。

陷城後的趙桓又是個什麼狀態呢？他先如驚弓之鳥，大門不出，二門不邁，等到近侍確切地告訴他說，金軍攻下城後，就撤離了，他這才壯著膽子，在禁衛軍的層層保護下，再次視城，慰喻百姓。由於過度緊張，趙桓視城時，他頭上的帽子滾落於地。皇帝的狼狽相，使得百姓惶恐不安，大家怕趙桓一走了之，人人涕淚交流：「陛下不能走啊，你走了，則生民盡遭塗炭，我等死無葬身之地啊。」趙桓也是一把鼻子一把淚，他安慰道：「寡人在此，你等勿憂！」官民的情緒，愈發難以克制，大家是一哭皆哭，號慟震天。誰說男兒有淚不輕彈？這裏的男兒面對軍事困境、面對亡國之憂，就集體哭鼻子，除外別無他法。

坦率地說，此時此刻的趙桓，不能說沒有逃亡之虞。記得我們前面講過的一個故事嗎？蔡京的家庭教師張角，不讓蔡家子弟學什麼算學、文學之類，說你們學學怎麼逃跑就行了。其實，這話倒最適合趙宋皇室一族，尤其適合趙佶父子及其手下的軍隊。已成事實的是，守衛黃河的宋帝國軍隊，一聽說金軍南下，拔腿就跑。此後，趙佶和他的親信大臣，也是一路屁滾尿流，逃向南方。趙佶的九兒子趙構，更是逃過江南，逃向大海，等到金軍退去，才敢登陸。逃跑是趙佶一族的拿手好戲，天生就會，是不用學的。趙桓也早有溜之大吉之心，只是他沒法逃、沒有機會逃。指揮使蔣宣，就曾經準備率精兵數百，保趙桓殺出重圍，若不是尚書梅執禮勸止，相信他早就是另一條道上的人了。

趙桓被梅執禮勸止後，隨即打發蔣宣及士兵，前去告諭百姓，說宋、金將以講和方式，解決彼此的爭端。百姓聞言，這才略鬆一口氣。然而，金軍並不配合，隨後就縱容一部分士兵入城，製造緊張氣氛。這些金兵在漢人背叛者及地痞流氓的導引下，縱火亂城，趁機劫掠（清軍入關屠城，有漢人背叛者的影子；八國聯軍掠京，有漢人背叛者的影子；日軍侵華，有漢人背叛者的影子。這絕非一言即透的問題，此不贅述）。百姓心想，皇帝不是說宋、金講和了嗎？金兵怎麼反倒殺進城裏來了？驚懼之下，人人就像無頭蒼蠅，四處亂撞，城內的逃出去，城外的逃進來，亂出亂進，總逃不出一個「死」字。逃難者彼此挨擠，僅掉入護城河淹死的人就達數萬。絕望之下，很多人家選擇了自縊、跳井、投火，慘景難以盡述②。

大概金軍也知道趙桓有逃跑之意，就在縱兵入城製造混亂的第二天，特意下書告知趙桓，說：「方圓五百里內全是金兵，你等逃跑的事，壓根就別想。」同時就侵掠事宜，做出初步安排，即讓宋帝國的宰相和皇帝，分批到金營聽令。我怎麼著都覺得，這種表述荒唐可笑，一方對另一方說：「我們準備對你們下手了，你國皇帝、宰相從速安排時間，到我軍營洽談被侵掠、被強姦事宜，否則後果自負。」世界上哪有這等荒謬絕倫的事發生？可事實上，在宋、金之間，就發生了這樣的事，這於宋帝國而言是奇恥大辱，於金帝國而言是流氓嘴臉。金軍的刀刺架在脖子上，趙桓只能惟命是從。次日，即派宰相及親王前往金營，聽從強盜的安排。

過了幾天，趙桓亦親至金營，到金軍司令帳下聽令。這時的開封百姓，仍然把懦弱無為的趙桓，當作他們的大救星，晝夜站在雪泥之中，盼望他早早歸來。遺憾的是，作為一國的皇帝，趙桓一入金營，即被拘留。臨時拘留室陳設簡陋，除一桌一椅之外，只有一個可供睡覺的土炕，以及兩條毛氈。一天到晚，拘留室的門都用鐵鏈鎖著，數名金兵在屋外嚴密把守。時值寒冬臘月，開封暴雪連連，天氣奇寒。我們在前文也說過，有數不清的軍民，因天氣寒冷而被凍死。趙桓在金營雖有兩條毛氈禦寒，終不抵事。加之金軍提供的食物有限，到了晚上，天愈冷，也就愈加饑餓。這位自小錦衣美食、嬌生慣養的青年皇帝，哪裏受得了這樣的罪？想到落魄到這種地步，趙桓淚如雨下，心如刀割。

在趙桓被拘的日子裏，風雪交加的開封城內，情況更加惡化了，嚴寒與缺糧，導致屍橫遍野，及至人吃人的事，愈演愈烈。四野的屍體上，幾乎已無肉可尋，而要想吃到死人肉，須出高價方可買到。沒錢的人，就只有等死，死後被人所賣、所吃。順便說句題外話，關於吃人，我想，除了饑餓以外，大概宋帝國時代的人，對於吃人也沒有什麼心理障礙。但看一部《水滸傳》，吃人的字眼，隨處可見。況且很多吃人案，並非饑餓而發生，實屬日常而已。

閒言少敘。在極度困苦的日子裏，皇親國戚一族並不比普通人的日子好過，城內那些散兵游勇和地痞流氓，勾結金兵，趁火打劫，甚至自我剃度（女真族的男人，有剃髮傳統，其演化後的滿清半拉禿瓢加大辮子，最為中國人所熟悉），複製成金兵模樣，衝入皇親國戚家，燒殺劫掠，無所不為。一夜之間，就有成千上百的人家被洗劫一空，數萬同病相憐的人，聚集在相國寺的冰天雪地裏，共同仰天啼號；那慘烈的叫聲，天不應，地不回，大朵大朵的雪花，落進他們的嘴裏，落進他們那淚水已枯的眼睛裏，落進他們那塊絕望的心田裏，隨即化成恐懼與憂憤。這群無依無靠的流離者，當夜就有近萬人因饑餓與寒冷，撒手人寰，同時成為饑民的果腹之物。曾經的相國寺，香客雲集與萬姓交易，交相輝映，那是何等的繁華與熱鬧。而今，這裏卻成了人間地獄。

數天之後，趙桓答應了金軍的侵掠條件，方被允回城。那些條件是：割地、獻金一千萬錠、銀二千萬錠、帛一千萬匹。同時，按照金軍要求，獻上俯首稱臣的降表。令趙桓君臣更加屈辱的是，他們獻上降表後，又被要求在香案前，面北叩拜金帝國皇帝，以示臣服。完成投降儀式，趙桓君臣這才得以冒雪回城。

開封百姓聽說他們那不能自保、更不能保黎民的皇帝被釋放了，爭相湧至城門外，大家見路上雪泥不堪，便運土鋪道。在白雪皚皚的大地上鋪就的黃土，猶如地毯般顯眼。當人們遠遠看見趙桓的華蓋時，大家一路傳報，一路歡呼，一路喧騰，彷彿趙桓是凱旋歸來的英雄。趙桓這位二十多歲的皇帝，見官民夾路迎接，鼻子一酸，遂掩面大哭。只有他自己知道，他在哭什麼。眾人先是莫名其妙，隨之揣摩出這其中的不祥，進而無不慟哭失聲。當皇帝的華蓋消失在人們視野裏的時候，剛才的歡呼與喧騰氣氛，早已煙消雲散，雪泥裏那一群群垂頭喪氣的人們，彷彿是安厝親人歸來的喪主，一個個拖著疲憊不堪的身子，步履沉重地往城裏走去。眼前的開封城，淹沒在紛飛的大雪裏，朦朦朧朧，似有若無；而往城裏趕的人，背影駝起，黑壓壓，一片片，觸手可及。

急轉直下的是，趙桓回來後，即向金軍正式繳械投降，他的弟弟康王趙構，則擁兵南逃。十二月四日，金軍派人入城，檢查宋政府財政賬目、金銀庫存，為下一步的搜刮做準備。次日，金軍根據前一天摸清的財產底細，發文宋政府，直接點名把金帛等諸項，交付金軍。接著又是一道以上示下的文件，要求把蔡京、童貫、王黼、李綱、蔡靖、折彥質等二十多個大臣的女眷，送往金營。從名單中我們看到，金軍索要的首批婦女，來自兩部分大臣家，一半屬於曾經跟著趙佶南逃的，一半是主張與金軍交戰的；傳統觀點，把他們簡單地劃分為奸臣和忠臣。金軍對宋帝國的這兩類大臣，都持厭惡態度，索取他們的女眷，為奴為妓，都是對他們最直接的肉體痛擊與精神淩遲。

戲劇性的是，奸臣的女眷，在開封陷落之前，大都被趙桓貶竄荒蠻之地，因而逃過一劫；倒是忠臣的女眷多在開封，因而在劫難逃。還得說是開封府的官員，別看他們衛城無能，但對於金軍的命令，卻能做到執行有力。或許開封府的這幫官員也恨透了蔡京、童貫、王黼等大臣，首當其衝的，先把他們家的女眷七十多人送到金營，去接受金軍將士的蹂躪。這其實並不能一解人們的心頭之恨，我們前面說了，蔡京等大臣的直系女眷已經貶外，留在京城的，實為他們家的歌妓。在第一批遣送金營的女性中，惟一不是歌妓身分的，是福金公主，她是作為蔡京的兒媳婦（蔡鞗之妻），被點名送往完顏宗望營寨的。蔡京家的直系女眷，跟隨蔡京一同遭貶。趙福金不同，她是太上皇趙佶的女兒、當朝皇帝趙桓的妹妹，自然網開一面，也就留下了。誰料，這竟是因福得禍，臨了卻被拋向金營。

福金公主到了金營，一見完顏宗望，立時嚇得面無人色。福金公主養在深宮，嫁於豪門，所見之人，不是慈眉善目，就是奴顏婢膝。總之，都是受看的人。而這完顏宗望，乃女真人物，頭髮剃得人不人，鬼不鬼，身上又有一股膻味。可以說，完顏宗望是福金公主從未見過的醜物。這醜物臉上，寫滿「貪婪」二字；這醜物眼裏，寫滿「色慾」二字。福金公主被眼前的醜物徹底嚇懵了，對於完顏宗望的動手動腳，她惟一的反應就是盡力去躲閃，接著就是不停地戰慄。完顏宗望知道該怎麼做，他下令身邊的奴婢李氏，將福金公主灌個酩酊大醉。之後，完顏宗望這個女真醜物，帶著一身的膻味，一頭拱進福金公主的懷裏，進而對其強暴。趙宋這位最美的公主，遭到完顏宗望強暴時，年僅二十二歲。次年，完顏宗望死後，福金公主又為金帝國大臣完顏兀室所占，並於當年八月，死於完顏兀室的百般折磨。千般金貴的福金公主，其命運尚且如此，蔡京等家裏的那七十多位歌妓，就更可想而知了。

話分兩頭，我們再說趙桓。他既然已答應金軍侵掠的條件，也已經向其繳械投降，他也就沒有了任何退路。趙桓從金營回來後，就開始督促手下，按照金軍的賬冊，從中央政府各儲備庫中，搬取金銀玉帛，以及文化寶藏如經卷、蘇軾文集和《資治通鑑》等（金軍後索郊天儀物、法服、鹵簿、冠冕、乘輿、犀象、寶玉、藥石、色彩、帽襆、書籍、國子監印板、禮器、青銅器、八寶九鼎車輅、百戲所用服裝道具等物，包括與之相關的諸科能人），然後整車整車的運往金營。但這遠遠達不到金軍勒索的數目，趙桓在金軍的壓力下，又督責御史臺、大理寺、開封府等部門，四處抓人，管你什麼王公貴戚，還是將軍人家，一律按人按戶按級別，嚴刑催逼金銀。十二月二十四日，金軍也許感到敲詐民財的效果不佳，就在開封城內四處張貼恐怖告示，揚言再取一百萬錠金和五百萬錠銀，要求市民竭盡所能，盡行繳納，否則一經查出私藏金銀，全家論斬。看到金軍的告示，開封百姓驚恐萬狀，莫不找出家中的金銀，上繳金軍，以求平安。

撕心裂肺的三個月 這是一一二七年初的三個月，這是宋帝國權貴和開封百姓如履薄冰、以淚洗面、如泣如訴、撕心裂肺的三個月。金軍搜刮開封城的動作，一天大似一天，他們的恐怖告示，確也起到一定的效果，但他們認為這仍然不夠，遠遠不夠。站在金帝國看宋帝國，宋帝國之富，不可以用數字來形容，因此這個該死的帝國，必須誠實地向他們繳納每一兩、每一錢金銀。否則，就死得很難看。

這使我想起類似的一個情景：土改時，革命者逼迫地主李金鞭交出藏匿的金銀財寶，李金鞭最初不打算交，結果被民兵隊長李恩寬一棍子打斷骨頭，他才帶著大家，在一棵樹下挖出一隻裝有五百塊大洋的罎子。革命者先是喜笑顏開，之後是憤怒：這個狗地主口口聲聲說沒有藏錢，結果挖出這麼多，沒準還不止這些。再打再交，又在一棵樹下挖出一罎子銀元來。還會有嗎？打死也沒有了，可革命者已經被金錢迷住了眼睛，他們堅信只要把李金鞭的骨頭，一根一根地打斷，就可以不斷地有金銀被挖出③。這種粗暴的邏輯推理，在土改時不知要了多少地主老財的命。

金軍現在的心態就是這樣的，他們堅信開封城就是一座巨大的寶藏，只要心夠狠，方法得當，他們就可以持續挖掘下去，讓他們子孫萬代，享用不盡。一月九日，金軍指令趙桓前往金營為質，等他們索要的金銀湊齊後，再行放回。趙桓是如此一個沒有氣節的人，他既不會拒絕，也不會以死抗爭，那麼就只有乖乖聽從金軍的意旨，讓他往東，他絕不敢往西。趙桓深知此次出宮，凶多吉少，遂對近臣孫傅說：「我此行萬難復返，你可召募二三百人的敢死隊，保護上皇及太子，殺出重圍，到南方尋找立足之地。」然而，這一切都晚了。趙氏一族，已經錯過了逃亡的最佳時機。

讓我們疑惑的是，趙桓明知此去凶多吉少，他為什麼還要深入虎穴呢？同樣是死，為什麼不戰死？其實，趙桓仍然抱著一個僥倖心理，那就是萬一死不了呢？這也使我們想起伊拉克前總統海珊・薩達姆，在美英聯軍攻入伊拉克的時候，他同樣明知凶多吉少，卻不選擇戰死，而是像耗子一樣，藏到地洞裏。結果，薩達姆還是死得很難看，在對其實施絞刑時，他的脖子都被絞斷了。趙桓死得亦很難看，見後。

回到原題。正如趙桓自己所預料的那樣，他一到金營，就被拘留了。生性膽怯的趙桓，這時在金軍面前，更是奴顏婢膝、惟命是從了。金軍說：「金銀的收繳速度太慢了，趕快下詔，讓你的臣民加大力度，否則，後果不堪設想！」趙桓戰戰兢兢，提筆就寫，他現在儼然已是金軍的書記員了。怎麼能夠想像，時為世界頭號大國的宋帝國，其元首竟然淪落到這等地步。

宋政府接到趙桓的旨意，個個糊塗蟲似的，以為湊夠了金銀數，就能救回他們的皇帝，於是玩命搜刮，八天得金二十萬八千兩，銀六百萬兩，帛一百萬匹。之後再搜刮十八天，得金七萬兩，銀一百一十四萬兩，帛四萬匹。如此驕人的成績，令金軍司令完顏宗望看傻了眼，他也很快回過神來：「好傢伙，我們再三催逼，收繳上來的金銀，總不能令人滿意。可把趙桓一羈押，他一紙詔書，這金銀就像開了閘門的黃河水，嘩嘩湧來。宋政府的官員，這不是在戲弄我們嗎？」完顏宗望一怒之下，把負責搜刮金銀的四位宋政府官員，一併殺頭，其他官員各杖責數百，以儆效尤。

一月二十二日，宋金雙方達成一項所謂的協議，金軍准免趙佶北行，須以康王趙構、宰相等人為質；准免割黃河以南地區及開封，須以公主兩人、宗室女孩八人、宮女兩千五百人、女演員一千五百人、各色工藝匠人三千人為交換條件。原定犒軍金一百萬錠、銀五百萬錠，須在十日內繳納完畢。如不能按期繳納，可用公主、王妃相抵，公主、王妃每人抵金一千錠；宗室女孩每人抵金五百錠；族室女孩每人抵金二百錠；宗室婦女每人抵銀五百錠，族室婦女每人抵銀二百錠；皇親國戚這一級別的女人，每人抵銀

等級	人數	等級	人數	等級	人數
嬪妃	83	宗姬	52	宗婦	2091
王妃	24	御女	78	族婦	2007
公主	22	近支宗姬	195	歌女	1314
嬪御樂	98	宮女	479	貴戚、官民女	3319
王妾	28	采女	604	婦女總數：	10394

一百錠。趙宋權貴圈裏的女人，一下子被金軍論價折算了。大限來時，再金貴的女人，也不過成了任人買賣的市物。回想到這些尊貴女人們所抵掉的錢，原本就是宋帝國的，就覺得她們更加一文不值了。

宋政府無法完成金軍強加到他們頭上的債務，最終只得用女人相抵。金軍根據他們掌握的情況，向宋政府開具了一個花名冊，指定要哪些女人，分別多少（如下表），至為詳盡。名單一欄，寫滿了柳腰、青蓮、春羅、蕙卿、朱紅之類的名字，令人浮想聯翩。更為不幸的是，金軍點名索要的女孩中，三十名皇孫女，最大的只有八歲，最小的僅一歲。

以上婦女約折金六十萬七千七百錠、白銀二百五十八萬三千一百錠。即便如此，北宋政府仍「欠」金軍金三十四萬多錠、銀八十七萬多錠。這一萬多名④

被出賣的女性，分別被關押在開封城外的青城寨與劉家寺，這裏分別駐紮著金軍的兩個大營。

宋帝國的女人們一到金營，即被金軍將領如同分配牲畜一樣，瞬間瓜分完畢。其中，完顏宗翰、完顏宗望各選十女，床上供作洩欲對象，床下當作奴隸驅使。此外，諸將各賜女數人，中下級軍官各賜女一二。其後，隨著宮廷、宗室婦女的陸續到來，供完顏宗翰、完顏宗望享用美色的範圍就更廣了，他們每人占居淫樂的美女達數百位。而可供普通士兵輪姦的婦女，也達到一千四百多人。有些婦女不堪凌辱，先後自盡。如信王妃自盡於青城寨，鄆王姬王氏自盡於劉家寺。許多女子不堪折磨而死，連金軍自己都承認，各寨婦女死亡相繼，其中包括十六歲的仁福公主、賢福公主、保福公主。

從男權社會來講，女人集體的不幸，即是整個帝國的不幸。男人負有保國之責，保國不僅僅是保江山、保財富，更是保為男人們生兒育女的女人。說得自私一些，就是保男人們的面子。趙宋一族的爺兒們也罷，趙宋執政團隊也罷，在他們的女人面前，丟盡了面子。這是中國權貴圈裏的男人們前所未有的一次大丟臉，他們把自己心愛的女人、女兒，送入金軍營寨，送給那些留著奇形怪狀髮型的異族軍人去蹂躪，去糟蹋。趙匡胤制定的防變之策，以及趙宋政權對這一政策始終如一的貫徹執行，在這裏得到一個總的報應。

然而，糟糕的局面並未就此觸底。宋金雙方在一月二十二日，原有一項協議，趙佶可以免除北行。可是到了二月初，一切都發生了逆轉，金軍突然宣布逮捕趙佶。消息傳來，趙佶猶如五雷轟頂，鼻涕眼淚，奔流不止。女眷們更是亂作一團，她們蜷縮在室內一角，瑟縮發抖，以淚洗面。趙佶用絲絹抹了把淚，腿腳發軟地來到窗前，往外一看，全副武裝的士兵，已是嚴陣以待。這是大宋皇黨的軍隊，這是宋政府的軍隊，這是他們老趙家的軍隊，別看他們面對金軍聞風喪膽，可對於自己人、對於自己的皇帝，卻威風凜凜、銳不可當。趙佶剛要走開，就聽到院內一陣躁動聲，回頭一看，范瓊將軍來了。

趙佶明白，范瓊不是他的救命稻草，而是他的催命鬼。范瓊為虎作倀，頤指氣使，進屋就嚷嚷著讓趙佶一家起行。趙佶懇求道：「范將軍……你看是不是……」范瓊不為趙佶的低聲下氣所動，更不會念及趙氏一族對他的提攜之恩，甚至就連老趙家浩蕩的皇恩，都統統拋到九霄雲外去了，人家是小人，吃得是見風使舵的下賤飯，無所謂情，也就在弱勢面前，顯得特別的鐵面無私。他粗暴地打斷了趙佶的話：「少囉嗦，上路為緊！」趙佶的動作略微慢了點，范瓊一把抓住他的袍袖，往門外方向一拽，趙佶瞬間就是一個趔趄。在場的人看到眼前這一幕，全都驚呆了。女眷們跑過來，扶住趙佶，范瓊指揮士兵借勢一推一搡，趙佶及其女眷、子女、奴婢等，就這麼倉促走出室外。門外備好了車轎，那是給趙佶、后妃、諸王、公主乘坐的，餘者步行。宋帝國這支落難的隊伍，在范瓊部隊的押解下，在完顏宗翰、完顏宗望及上萬名騎兵的嚴密監視下，緩緩走向金營，走向一個無底的深淵（趙佶共有六十六個子女被金軍擄去，其中皇子三十一個、公主三十五個）。

趙佶一到金營，完顏宗翰、完顏宗望當即招集在押的宋帝國君臣開會，宣布廢掉趙桓皇帝。金使蕭慶宣讀完畢，逕自走到趙桓面前，說：「從現在起，你已經不是皇帝了！」說完，動手就去撕扯趙桓身上的龍袍。在場的宋政府官員，被這突如其來的一幕，弄得不知所措。惟有大臣李若水，上前抱住趙桓，怒不可遏地對蕭慶大叫道：「此乃大宋皇帝，鼠輩安敢無禮！」完顏宗翰、完顏宗望頓時怒髮衝冠，命衛兵將李若水拖出，以裂頸斷舌的凌遲方式，將其處死。李若水不畏強暴，至死都罵不絕口。行刑的金兵暗暗嘀咕，一個說：「記得大遼亡國時，忠義而死的大臣有十多人，宋國惟有李侍郎一人為國捐軀，可歎可歎！」另一個說：「一向聽聞，趙家皇帝對官員最好，不要說給地、給房、給大錢，就連官員們每頓喝多少酒這樣的小事，皇帝都關照到了。可到了關鍵時候，這些官員知恩不報，全都退縮了，可歎可歎！」

正如金兵嘀咕的那樣，原本就縮頭縮腦的宋政府官員，見李若水如此下場，更是一言不發了，任由蕭慶撕扯趙桓身上的龍袍。狼狽不堪的趙桓，剩下的只有一把一把的淚水，和那顆劇烈顫抖著的心。趙佶心如刀割，知道愛莫能助，也只好如鴕鳥般，把頭深深地埋在胸前，當作什麼也沒發生。趙桓的龍袍，終被蕭慶撕成碎片，散落一地。趙桓的內衣，也已凌亂不整，斯文掃地。這是一一二七年二月七日，一個永遠值得紀念的日子，這一天，宋帝國走到了歷史的盡頭，上至皇帝，下至黎民百姓，從此全都成了亡國奴。

素日過著錦衣美食生活的女人們，成為亡國奴後的第一件事，就是為金軍營寨裏的將士們充當性奴。金軍官兵，把一切獸欲，統統發洩到趙宋皇室女人們的身上。發洩過後，還要讓這些性奴為他們唱歌跳舞，以助酒興。深受儒家文化影響的趙宋皇室女性，被強姦已是奇恥大辱，再當著這些強姦犯們的面鶯歌燕舞，那是萬難做到的。結果，幾位抗拒不從者，當即被砍頭。姐妹們血淋淋的頭顱，起到明顯的震懾作用，她們屈從了，開始痛苦地扭動起來。過度強姦，導致她們行動不便，以致動作僵硬不雅。或者說，那不是舞，而是淒厲的蠕動。然而，酒桌上的強姦犯們，卻個個興趣盎然，他們有的還不時參與其中，把趙宋皇室的女人們抱在懷裏，明目張膽地做著各種下流齷齪的動作。淚水濕透了這些不幸婦女們的前襟，她們低垂著頭，不敢正視姐妹們。青天白日，在共同的場景下，接受共同的侮辱，那真是生不如死。

到了晚上，拒絕侮辱的事再次發生。完顏宗翰宴請手下將領，令宮嬪換裝侍酒。當時，有鄭氏、徐氏、呂氏三位婦女抗命不從，被斬首示眾。另一女人因不堪侮辱，用箭頭刺穿喉嚨，自殺身亡。又有三名貢女，因拒不受辱，被野獸般的金兵用鐵竿挑傷，扔在營寨前，任其哀嚎慘叫。三天後，她們流乾身上的最後一滴血，奄奄死去。這七名貞婦烈女，未能留下她們的芳名，或許是她們在趙宋皇室的品級不夠高之故吧。但完顏宗望卻可以用她們的死來說事，他指著這幾具女屍，警告趙宋王妃、公主們，說：「讓你們乖乖陪我上床，你們卻扭捏作態。看到她們了嗎？這就是拒不服從的下場！都別裝了，你們的國都亡了，老實說，讓你們陪本元帥上床，那是抬舉你們。再不乖乖順從，就把你們送往各軍營，讓士兵們把你們輪姦到死，然後扔出去讓野狼吃了。」完顏宗望魔鬼般的恐嚇，得以迅速見效，公主保福、仁福、賢福和兩名皇子妃，都一一接受了完顏宗望的強姦。當金軍的這位頭號強姦犯玩膩了的時候，他一把又將趙宋皇室這幾位直系女眷，推給了其他軍中野獸。未幾，五位皇室女眷，便被金軍強姦至死。這幾位皇室美女，平均年齡也就在二十歲左右，稱得上是花季年齡吧。

悲劇仍在持續發酵。二月十一日，天剛剛放亮，趙桓的皇后、太子、公主等，作為第二波皇室主要成員，被押解出皇宮，前往金營。之前，趙佶一家的被捕，開封百姓也曾哀嚎，但畢竟那是退休皇帝的家人。趙桓的家眷不同——雖說開封臣民都已經知道了金軍罷黜趙桓皇帝的消息，但那是外族，做不了宋帝國人民的主。換句話說，無論你金軍怎麼說、怎麼做，開封的臣民，依舊認趙桓為他們的皇帝。只要皇后在、太子在，那就意味著國在。而今呢？國家最後的象徵皇后、太子也要被押往金營了，這國算是徹底地亡了。金兵如臨大敵，嚴密監視著趙桓家眷前往金營的過程。百姓和太學生既無法靠近，也無法跪攔，只好一路哭送。當十一歲的太子在車內向送行的人們揮手告別時，人們更是哀嚎震天，許多人甚至暈厥在地。

接下來的日子，哀嚎的開封百姓，用淚水送走了一波又一波的王公家眷，以及宗室家眷。這連續重演的一幕幕悲劇，差不多有一個月了，開封百姓已記不清到底送走了多少皇親貴族們的家眷。這些誠實善良的百姓，祖宗八輩恐怕都沒見過這麼多的皇親國戚，這一次算是開了眼界。然而，他們情願不開這樣的眼界，希望皇室的火種留下來，延續趙氏一族的香火，延續趙宋帝國的香火。為了這樣的理想，開封百姓敞開了胸懷，只要有趙氏皇室成員、宗室族親，他們一概收留，藏匿起來。

與此形成強烈反差的是，以吏部尚書王時雍、開封市長徐秉哲、將軍范瓊為代表的一大批宋政府官員，厚享趙宋待遇（參見第一章「皇恩浩蕩」一節），大限來時，不思回報，卻反咬一口，陷害如有深仇；他們在城內的大街小巷，展開地毯式搜索，經過辨認、指認，把老百姓藏了個把月的七百多名趙宋宗室成員，包括嬰兒在內，一一網羅乾淨，送入虎穴金營。就連趙佶的幼子趙捷，被老百姓藏了五十天後，依舊被執著的宋政府官員掘地三尺給逮住，交與金軍請功。絕望的開封百姓，惟有泣血成淚。

①萬歲山，又名艮嶽，建於一一一七年，為宋帝國皇城內的著名御花園，仿浙江餘杭鳳凰山修築而成。趙佶苦心經營十年，使得這裏花竹奇石，無處不在；樓臺亭館，難以計數。《東都事略》記載此山：「石皆激怒牴觸，若隱若現，牙角、口鼻、首尾、爪距，千態萬狀，彈奇盡怪，輔以蟠木瘦藤，雜以黃楊，青蔭其上；又隨其旋斡之勢斬石開徑，憑險則設蹬道，飛空則架棧閣；仍於絕高榭以冠之；搜遠方珍材，盡天下蠹工、絕技而經始焉；山之上下致四方珍禽奇獸動以億計，猶以為未也；鑿地為溪澗，壘石為堤捍；任其石之性不加斧鑿，因其餘土積而為山。山骨暴露，峰棱如削，飄然有雲姿、鶴態，曰飛來峰……」

②這是首都開封城的情況。地方又如何呢？《金瓶梅》描述了金軍攻擊山東東昌府時的情形：「只見官吏逃亡，城門畫閉，人民逃竄，父子流亡。但見：煙塵四野，日蔽黃沙。封豕長蛇，互相吞噬。龍爭虎鬥，各自爭強。皂幟紅旗，佈滿郊野。男啼女哭，萬戶驚惶。番軍虜將，一似蟻聚蜂屯；短劍長槍，好似森森密竹。一處處死屍朽骨，橫三豎四；一攢攢折刀斷劍，七斷八截。個個攜男抱女，家家閉門關戶。十室九空，不顯鄉村城郭；獐奔鼠竄，哪存禮樂衣冠。」（第一百回）〈賣油郎獨占花魁〉則寫道：「百姓是：甲馬叢中立命，刀槍隊裏為家。殺戮如同戲耍，搶奪便是生涯。忙忙如喪家之犬，急急如漏網之魚。擔渴擔饑擔勞苦，此行誰是家鄉？叫天叫地叫祖宗，惟願不逢韃虜。」（《醒世恆言》第三卷）這兩處描寫，可謂民間版的「靖康之變」。

③參見尤鳳偉中篇小說《諾言》。

④不同的歷史文獻，有不同的數字。金人《宋俘記》載，宋俘總數為一萬四千多名；宋人筆記為一萬五千多人，出入不大。對於有考證癖的人來說，出入即意味著失實。但對於我來說，一個不爭的事實，勝於數字的出入。以宋俘為例，金軍押解一萬人到東北，與押解一萬五千人到東北，有什麼實質性的區別呢？趙宋皇室宗親，包括兩位皇帝，被他們一網打盡，俘至千里之外的東北，這樣的歷史事實，比具體的數字，不知要震撼多少倍。基於這樣一種認識，我在寫作本書時，以基本事實為重，細枝末節上的數字，也就未加詳考。這也是我慣用的歷史寫作方法，借用基本史實，表達我的學術觀點，如此而已。

葉葉聲聲是別離

一一二七年三月二十三日，被羈押在金營裏的趙桓，給開封城內的王時雍、徐秉哲兩位留守大臣寫了封信：「王、徐二公，社稷山河，皆為大臣所誤，今日使我父子離散，追念痛心，悔恨不及！我們眼看就要北去了，廚房裏什麼都沒有，煩請二公到財政部門支錢三千貫，購買各色食物用品，速速送來。另外，我們走後，無論誰為新主，告訴他勤勉做事，毋念舊主。」

這是傷感而充滿新意的臨別贈言。傷感就不說了，所謂新意是指：㈠趙桓把亡國的責任，推得乾乾淨淨；㈡國難當頭，趙桓還沒忘了吃，真是十足的飯桶。就亡國而言，難道他不知道，這是他們祖宗七輩（北宋到趙桓為止，共計七輩九個皇帝）防將如賊種下的惡果嗎？怎麼到這裏，一把推給大臣了呢？遠的不說，就說金軍圍城之初吧，大臣李綱不是提出城防之策嗎？你們老趙家不用啊。不用就不用吧，可趙宋皇室把防將如賊的策略推到極致，在外敵壓境的情況下，竟然貶斥李綱。〈太甲〉曰：「天作孽，猶可違；自作孽，不可活。」你們老趙家把孽都做盡、做絕了，得有今天，那也是自食其果呀。都國破家亡了，趙桓仍沉睡不醒，推卸亡國之責，我們即使對身陷囹圄的他及其皇室成員抱有同情，也還往往會想到他渾渾噩噩的可惡，想到他不辨是非的愚蠢，想到他不敢承擔責任的懦弱。想到這些，在一定程度上，就會抵消我們對他及其皇室成員的同情。情之所至，說不定還會恨鐵不成鋼地來一句：「活該」的罷！

三月二十五日，城外的金軍，開始放火焚燒他們駐紮了四個月的營寨，這意味著，侵略者即將滿載而歸，滾回他們的老巢。臨時性的營寨能值幾個破錢，然而，這也不能留給飽受戰火的中原人民。金軍營寨的大火，整整燒了一天一夜，才算完事。接下來的幾天，金帝國扶持的偽政權領袖張邦昌，設香案於南薰門，率文武百官及黎民百姓，素服慟哭，送太上皇趙佶、皇上趙桓父子等北行。

三月二十七日，東方尚未破曉，金軍即押解一萬多趙宋君臣及女眷，撤離開封。朝霧朦朦之中，人類歷史上最特殊最龐大的一支俘虜隊伍，分乘八百多輛牛車緩緩而來。駕馭牛車者，清一色為金軍。趙佶乘坐的牛車上，打著「亡宋太上皇」的旗幟。在車內，趙佶見到自己的韋賢妃（也就是趙構的生母）等女眷乘馬先行而去，竟連個招呼都不敢打，彼此默默無語兩眼淚。此情此景，那真是肝膽俱裂。趙桓則騎著一匹黑馬，由金軍押解而行，他被迫頭戴氈笠，身穿青布衣，一副平民打扮。當隊伍行至開封城一角時，車裏車外，發出淒淒厲厲的哭聲。趙佶在車內用濕了又乾、乾了又濕的絲絹，緊緊地把臉捂住，把悲泣聲盡力地按壓住。但強烈的抽泣，卻使他的背一起一伏。我們再看看騎在馬上的趙桓，他做皇帝才一年多，便淪落為喪家之犬。他看著熟悉的城、熟悉的國、熟悉的家，還有遠處模模糊糊跪了一地官民，不由得仰天號泣。負責押解的金兵呵斥道：「你哭喪啊？你那個渾爹還沒有死呢，死了的時候，你再哭不遲！」趙桓聞之，哭聲戛然而止，他淚眼模糊地告別了開封，告別了那曾經的國、曾經的家。

再看那些素服慟哭多日的文武百官及黎民百姓，他們雖是晝夜伏道送二帝，但因為金軍督押甚嚴，未能親睹帝顏。人們只能靠想像，想像他們的兩位皇帝，以何等心情離開祖祖輩輩生活過的土地。當消息傳來，說有人看見了他們的皇帝趙桓，經過開封城一角時，哭得死去活來。人們聞言，個個血淚迸流、捶胸頓足、哀嚎不絕。皇帝沒了，天就塌了，這就是帝制時代最樸素的政治感情。正所謂：

梧桐葉上三更雨，
葉葉聲聲是別離。
如今風雨西樓夜，
不聽清歌也淚垂。①

①宋・周紫芝〈天鷓鴣〉。

北行

在路上 宋俘一萬多人，分七批押至遙遠的金帝國都城上京，即今黑龍江阿城市，途中歷時一年兩個月。在這些俘虜中，趙宋皇室宗親男丁為兩千兩百多人，后妃、公主等宗室婦女三千四百多人，餘為宮女、官女、民女。

這麼多俘虜北上，數千里的行程，即使是現代條件下，沒有足夠的準備、周密的安排，無疑都是險途，何況是八百多年前的荒蠻時代。這種境況下，不要說一般的女俘命運幾何，就是皇室宗親這三千多女性，經過一個月的長途跋涉，抵達燕山時，也僅存一千九百多人，死亡率近半；到達上京時的死亡率，更是過半。

造成大批女俘押解途中死亡的原因，當然責在金軍。我們都知道，金軍撤離開封前，就已經對這些女俘進行了長達三四個月的身心摧殘，持久的性侵犯，致使女俘們的身體每況愈下。上路後，金軍依舊隨時隨地對女俘進行強姦、輪姦，又不給她們提供足夠的衣食，好多女俘實際處於奄奄待斃的狀態。以一一二七年四月八日為例，押解三千多名貢女的金軍到達今之河南安陽後，由於連日大雨，宮女所乘的牛車大都已破漏，她們被迫到金兵營帳避雨，結果遭到金兵的瘋狂輪姦，以致當場斃命者無數。還有就是稚弱的皇室宗族幼女，原本就一個個被折磨得癡呆不振，鼻涕眼淚整天掛在臉上。上路後，更是驚恐萬狀與饑寒交迫，生命垂危者不知凡幾。金軍視為累贅，沿途一邊走，一邊丟。那些被拋棄的可憐無助的皇室幼女，或餓死於荒野，或被野獸活活分食。

這些殘酷的現實，多載於殘存的宋人筆記中。南宋確庵、耐庵編定的《靖康稗史》，輯錄了當時尚存的七種筆記，其中《開封府狀》、《南征錄彙》、《青宮譯語》、《呻吟語》、《宋俘記》，從不同角度向我們講述了開封陷落、女俘北行以及之後的情況。這些筆記，無不是作者的親身見聞，因而給我們帶來官方史所沒有的現場感，如《開封府狀》，讀的時候，我們能明顯地感受到作者的喘息未定，他手中的那枝筆，因為驚懼而顫抖，因為慌亂而語無倫次。

《青宮譯語》則完整地記載了第二批押解女俘，從開封到上京的全過程，從中可以比照出其他批次女俘的不幸遭遇。一一二七年四月一日，金軍押解韋妃、邢妃、朱妃、公主福金和柔福及兩位皇子北上時，與被押解的第三批女性即趙桓的朱皇后和朱慎妃等人會合。次日途中，朱慎妃與朱皇后和柔福公主，先後遭到金軍首領的猥褻。四月八日，趙佶的妃嬪曹才人入廁時，被金兵趁機強姦。四月十一日，兩批女俘到達今之河北正定縣安營歇息，金軍將領聽說朱皇后、朱慎妃擅長填詞歌詠，遂逼她們為之。兩人無奈，便填詞哀歎自己生不如死的悲慘處境，其中一首是這樣的：

昔居天上兮，珠宮玉闕；今居草莽兮，青衫淚濕。
屈身辱志兮，恨難雪，歸泉下兮，愁絕。

就是宋室男俘，北行路上，也是備受凌辱與虐待。為防止他們逃跑，在特別的路段，如經太和嶺時，金兵竟把趙桓等男俘捆綁在馬背上，如笼厤袋，如馱口糧。如此而行，狼狽不說，落腳吃飯時，一把人放下來，整個就跟散了架似的，癱軟如泥。這仍不放心，每到日暮宿營時，金兵還把趙家皇帝、太子及各王的手足交叉並臥，彼此如織，不僅睡姿難堪，還極盡之累。七月二十日，當趙佶、趙桓在燕京相見時，父子抱頭痛哭。這個時候，他們已經不是哭國，因為他們的國已經沒有了，他們哭的是一路上的悲酸與恥辱。這父子倆原以為到此可以安居了，豈料九月，他們再次上路，並繼續北行，直至更遙遠的上京，也就是女真一族的本部。

這時的天氣還很炎熱，而宋俘依舊穿著離家時的冬衣。經過長途跋涉，一些牛車不堪重負，提前退出旅程，致使很多宋俘徒步北行。原始的遷徙，遙遠的路途，使得宋俘身上的衣服，不是污泥濁水，就是破爛不堪。一眼看上去，這支俘虜隊伍，儼如遠行的丐幫，他們灰頭灰臉，頭髮長而油膩，腰間繫著草繩，腳下穿著前露腳趾、後露腳跟的鞋子。最初就徒步而行的宋俘，其實早已無鞋可穿，他們赤腳遠行，荊棘與尖石，刺穿了他們的腳板，鮮血裹著泥土，淚水裹著塵土，一個個如陰間蹦跳出來的餓鬼，在金兵的驅趕下，艱難地北行。因其艱難，從燕京到東北的路上，又死了很多的宋俘。

人間地獄　到金帝國後，金人命趙佶、趙桓父子身穿孝服，前去拜祭完顏阿骨打廟，以此羞辱北宋君臣。然後，又令他們到乾元殿拜見現任金帝國皇帝完顏晟（廟號金太宗）。在參拜儀式上，完顏晟封趙佶為昏德公，趙桓為昏德侯。此類政治把戲，似曾相識。三國時，蜀漢帝國被滅後，司馬昭封劉禪為安樂公；東吳帝國被滅後，司馬炎封孫皓為歸命侯；隋文帝楊堅滅陳帝國後，封陳叔寶為長城公；本朝太祖趙匡胤滅南唐帝國後，封李煜為違命侯。不同的是，趙佶、趙桓父子的下場，比前面幾位亡國主慘烈多了。

更慘的是倖存下來的女俘，她們到金帝國後，被重新瓜分，有名號的妃嬪和公主等五十餘人，交由金帝國皇帝處置，或獨享，或賜人；漂亮的宮女則由滅宋司令處置，或獨享，或分賜將士；餘者，或散於貴族為奴，或遣送洗衣院，或發往軍營充當軍妓，或賣往民間，或賣往妓院，或被賣到高麗、蒙古為奴，或被金軍拿去與西夏換馬（十女換一馬）。

最不幸的，當數趙宋皇室十八位直系女眷，其中包括趙佶的女兒柔福等九位公主，以及趙構生母韋妃、妻子邢妃。她們的不幸就在於，和一些女俘一同被遣送到洗衣院。所謂洗衣院，實際就是金帝國上層共享的一所妓院。在這裏，婆與媳，母與女，姑與嫂，齊聚一堂①。她們袒胸露背，顏面掃地，無地自容地日夜接受金帝國上層禽獸們的淫虐。這悲慘的一頁，後為南宋使金被留的詞人吳激所記錄，他在〈人月圓〉一詞中寫道：

> 南朝多少傷心事，猶唱後庭花。舊時王謝，堂前燕子，飛向誰家。
> 恍然一夢，仙肌勝雪，宮髻堆鴉。江州司馬，青衫淚濕，同是天涯。

金帝國上層的無恥與惡毒就在於，他們自己獸性大發不說，還要拉南宋使臣下水。一一二八年一月，南宋使者王倫等出使金帝國，完顏宗翰將趙宋皇室女眷四人送給他們，以示侮辱。王倫等權變受之，其隨行使者朱績因拒，而被完顏宗翰處死。

趙佶、趙桓父子的境地，並不比女俘們強。《說岳全傳》上有段文字，是說金人如何戲耍這對父子的，相信這並非出自作者的杜撰。

> 且說二帝拿至金營，見了金主，立而不跪。老狼主道：「你屢次傷害我之兵將，今被擒來，尚敢不跪麼？」吩咐左右番官：「把銀安殿裏邊燒熱了地，將二帝換

了衣帽，頭上與他戴上狗皮帽子，身上穿了青衣，後邊掛上一個狗尾巴，腰間掛著銅鼓，帶子上面掛了六個大響鈴，把他的手綁著兩細柳枝，將他靴襪脫去了。」少刻，地下燒紅。小番下來把二帝抱上去，放在那熱地上，燙著腳底，疼痛難熬，不由亂跳，身上銅鈴鑼鼓俱響。他那裏君臣看了他父子跳得有興，齊聲哈哈大笑，飲酒作樂。（第十九回）

好一對可憐的大宋皇帝！他們防將如賊的時候，是否想到過有今天？他們日夜喧淫的時候，是否想到過有今天？他們縱容全國官員腐敗、腐敗再腐敗的時候，是否想到過有今天？他們搜刮百姓縱情享樂的時候，是否想到過有今天？他們荒政廢政的時候，是否想到過有今天？沒有。因此，得有今天。

後來，趙佶與趙桓父子，又被發配至荒涼偏僻的邊陲小鎮——五國城。這裏的生活條件，至為惡劣。不要說吃，單說居住，也是普通中原人所無法接受的，更何況是宋帝國的皇親貴族呢？趙佶、趙桓等住在什麼地方呢？簡單說就是穴居。這也不是為虐待趙氏父子而設，實在說，此乃滿洲民風——即掘地成穴，上面搭上柴棚，留個出口，也就成了房子。我們在第二章介紹北方少數民族的時候，曾經提到過，說他們過著穴居生活，就指這個。後來，南宋使臣到東北探望趙佶、趙桓父子，見他們居住在井一般的地下洞穴裏，回去就吵說，他們的被俘皇帝在東北那疙瘩「坐井觀天」呢。中原人不知就裏，皆信以為真。就此而言，當時的東北比中原不知落後多少。南北對比，那的確是天上地下。所以，塞北蠻族無不想做中原主。

我們無法想像的是，趙佶稍稍安定下來後，在荷鋤耕種、割草修屋之餘，便又有了讀書寫詩的雅興。我的天，落魄到這等地步，他竟然還有此雅興！不過，所謂雅，也只是孤獨與淒涼之雅。如〈在北題壁〉詩曰：

徹夜西風撼破扉，
蕭條孤館一燈微。
家山回首三千里，
目斷天南無雁飛。

如逢節慶，倘有賜賚，哪怕是一束發霉的乾肉，這位昔日的大宋皇帝，居然都要低三下四地向金帝國皇帝呈表謝恩。不僅如此，一一三〇年六月，完顏晟詔令趙佶，讓他把六個女兒賜與金室子弟為妾。趙佶照例呈表謝恩：「臣佶奉宣命，召臣女六人，賜內族為婦，具表稱謝。」這曾經的大宋皇帝，真是卑微至極、可悲之極、無恥之極！

一一三五年，趙佶病死在破屋中的一個土炕上。二十一年後，即一一五六年六月，他的兒子趙桓則死於馬球場上。一些史學家相信，那是出於金帝國皇帝完顏亮的安排。事情是這樣的，完顏亮把北宋末帝趙桓，與遼國末帝耶律延禧，同囚郊外一座廟院裏。一天，金軍將領比賽馬球，完顏亮令兩位末帝，各率一隊參賽。比賽中，數百金兵突然縱馬球場。趙桓身體孱弱，患有嚴重的風疾，又不大會騎馬，驚駭之中，跌於馬下。隨之，黑壓壓的禁衛兵張弓搭箭，亂箭齊發，剎那間把塵埃中翻滾的趙桓，射成了刺蝟。而後，完顏亮一揮手，亂馬奔騰，即刻把趙桓的屍體踏為肉泥。

五年後，趙桓去世的消息，方才通過金使告知趙構。

①柔福公主就因與趙構生母韋氏，同在洗衣院受辱，而引來殺身之禍。一一三〇年，柔福公主（趙佶第十個女兒，被擄北上時十七歲，尚未出閣）逃出魔窟，回到杭州。經老宮女察驗、問答、對證，確為柔福公主，趙構方與這個同父異母的妹妹相認。南宋與金帝國簽訂「紹興和議」後，趙構生母韋氏被金帝國放歸。這位先前的韋貴妃，如今搖身一變，至尊為一國太后，也就不可一世起來。當她聽說柔福的事後，一口咬定這個公主是假冒的。趙構聞言，勃然大怒，立即逮捕了柔福公主，交大理寺嚴刑拷問。柔福公主屈打成招，趙構遂下令，將他這個飽經劫難的妹妹斬首於市。韋氏之所以堅稱柔福公主是冒充的，理由很簡單，她與柔福公主及其他宋室皇族婦女，在金帝國洗衣院有過一段共同的皮肉生涯。在那裏，韋氏與柔福公主等每天赤身裸體，接客無數。韋氏韋太后不想讓國內的人知道自己這段難以啟齒的娼妓史（她還為金帝國一個將領生過兩個兒子），便對柔福公主痛下殺手，進而殺人滅口，以遮其醜。

圖為五國城遺址。這是趙佶、趙桓父子生命的終結地，位於今天的黑龍江依蘭縣城西北部。所謂五國城，是指女真人在此建立的越里吉、奧里米、剖阿里、盆奴里、越里篤五大部落，史稱五國部。依蘭是五國部第一城之越里吉城，為五國部會盟之城，因此稱為五國頭城。歷史上，人們也往往把這裏籠統地稱之為五國城。遺址近旁，有座小土山，傳說趙佶當年經常爬上去，登高南望。別說一座小土山，就是泰山豎在這裏，供這位囚徒登高望遠，也絕對望不到遙遠的故都開封，更望不到新都杭州。這正應了趙佶詩裏的那兩句：「家山回首三千里，目斷天南無雁飛。」

第七章
你無處可逃

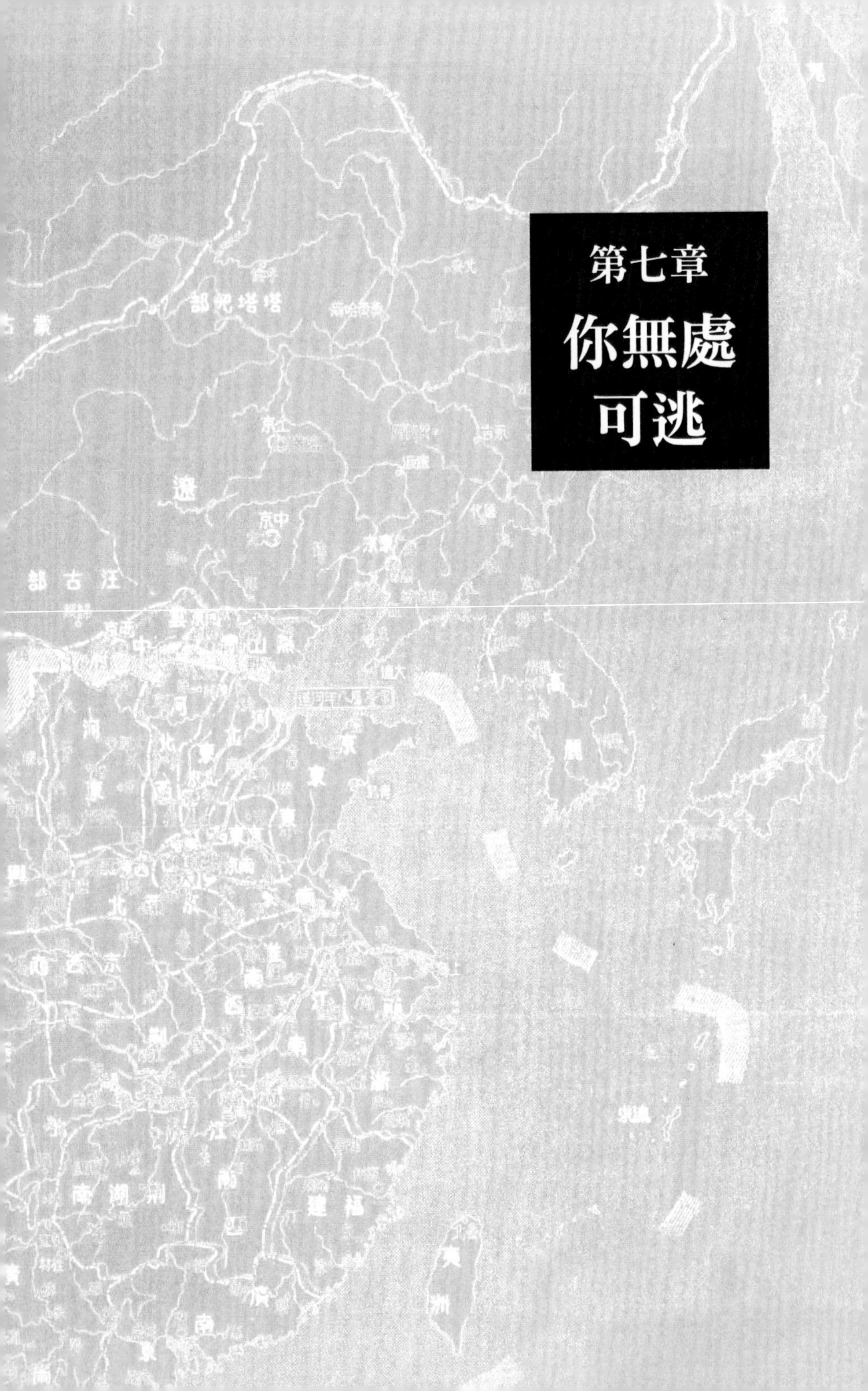

我們終於走出了令人心碎的第六章，走出了北宋滅亡過程所帶給我們的心靈衝擊。難道接下來的一章，就能讓我們輕鬆嗎？你完全不必抱什麼幻想，因為南宋政權正在極力拷貝北宋，結果則是，南宋政權無處可逃，南宋人民無處可逃，我們的靈魂同樣無處可逃。我們只能帶著痛苦的心情，走進南宋，走進本書的最後一章。

代理皇帝

關於南宋，我們就從一位代理皇帝說起。

我們首先簡略交代一下金帝國的背景。當初這個只有一萬軍隊的野蠻小部落，僅僅通過十多年的奮鬥，便迅速膨脹為一個擁有二百餘萬平方公里的龐大帝國。滅掉北宋後，他們自感兵力不夠分配，無法長久羈留在黃河以南，因此需要找一個傀儡，代為維持黃淮地區的局面。這就需要他們從漢人中，物色一位代理人。

這談何容易。我們知道，趙宋皇室男丁，除趙構逃跑外，大都被金軍俘獲；帝國重量級文武大臣，在宋金決戰之前，被趙桓貶的貶，殺的殺，剩下的，又被金軍網羅已盡。金軍絲毫沒有釋放趙宋君臣的意思，而這之下的趙宋政權，也就沒有什麼結構、建制可言了，管理人才更是無從談起。因此，物色代理皇帝，就成為棘手問題。金軍沒招兒，只好把球抛給趙宋邊緣大臣，讓他們商議新君人選。被招致金營的尚書員外郎宋齊愈，帶著金軍的訓示返回開封城，其他大臣問他，何人可為代理皇帝。宋齊愈知道這是千古留罵名的差事，就在手心裏寫了政敵張邦昌的名字。金軍催逼甚急，大臣們也無心熱議，於是一致通過，由張邦昌出任代理皇帝。一個沒沒無聞的大臣，就這樣走進歷史的視野。

進士出身的張邦昌，曾經做過州長，趙佶時代為中書省副首長；趙桓繼位後，升為少宰，也就是次相。說著好聽，內閣二把手，實際是有職無權，擺設而已；但這誤不了樹敵。宋齊愈作為副部級官員，就很嫉妒張邦昌。宋齊愈的心理不平衡就在於，大家都是副部級，憑什麼張邦昌就被提為次相，而自己則原地踏步？官場上的樹敵，有時就這麼微妙，個人的一個進步，往往招致無端的敵意。宋齊愈在帝國徹底破產的情況下，在敵軍未撤的情況下，在祖國河山血跡未乾的情況下，依舊想的是個人利益的得失，依舊不忘內鬥。我們說，這一切，除了故有的人性缺點之外，更重要的還是趙宋政權百餘年間，對廣大官員的物質腐蝕，起到了決定性作用。這樣的幹部隊伍，一旦面臨外敵，基本會做出兩種選擇：狼狽逃竄與叛變投敵，此即趙宋帝國的主流。這之下的次流，如抗戰派的李綱、种師道、岳飛等，就可以忽略不計了。主流就是洪流，次流就是溪流；溪流再清澈宜人，在濁浪滾滾的洪流面前，也不堪一擊。

張邦昌是介於洪流與溪流之間的人物，但他尚未泯滅良知，也深知代理皇帝一職所擔負的歷史罪責。因此，他在金軍營寨，婉轉地拒絕了這一職務。一一二七年三月一日，金軍遣張邦昌回開封城，並威脅說，如果張邦昌不繼位，朝中大臣不擁戴，就要先殺掉所有大臣，然後縱兵屠城。張邦昌左右為難，曾一度想自殺，有人就勸他說：「您死了，清白了，可金軍一屠城，百姓就遭殃了。你活著，雖有不清，雖有不白，卻拯救了一城人的性命。俗話說，救人一命，勝造七級浮圖。老百姓知道您清白，您不就成了救苦救難的大菩薩了嗎？」話說到這個份兒上，張邦昌縱有一百個不願意，但為了保全一城臣民的性命，他也只得答應了。三月七日，金軍對張邦昌正式行冊命禮，國號大楚，時稱偽楚。

那天，烏雲蔽日，陰風亂起，百官聯想到從此就要屈節異姓，人人如喪家之犬。張邦昌更是自尚書省慟哭上馬，至宮殿再次慟哭。他之所哭，是他不幸被選中做了傀儡皇帝；他之所哭，是他百口莫辯地成了一個篡位皇帝；他之所哭，是他將被永遠地釘在歷史的恥辱柱上。

喜笑顏開者，惟有王時雍、徐秉哲、范瓊、吳拜、莫儔等人，他們得意洋洋地簇擁在張邦昌左右，儼如功德卓著的開國元勳。百官參拜結束後，王時雍、徐秉哲等人復又跪倒塵埃，請求加官進爵。張邦昌也只好一一封賞，封王時雍權知樞密院事領尚書省，徐秉哲權領中書省，吳拜權同知樞密院事，莫儔權簽書樞密院事，呂好問權領門下省。餘不一一盡錄。這樣一來，算是弄了個皆大歡喜。惟其不同的是，張邦昌封出去的官銜前，都加了一個「權」字，意思是，你等只是暫居此職。

貪得無厭的金軍，立張邦昌為楚帝之後，竟然下令做最後的搜刮。張邦昌修書金軍，派使節前去求情，信中說：「張邦昌仰貴國之大恩，不敢忘懷，然而即使獻出生命，也不足以報答。城中百姓，因圍城日久，已困敝不堪，饑餓而死的不計其數。張邦昌雖願撫養，卻無經費以厚其生；欲賑濟相救，卻無食糧以續其命。貴國催促金銀日急，城內因不勝其力而自尋死路的，比比皆是。希望貴國能體恤懇迫之情，免交金銀。」金軍也知道，敵國業已被榨乾，就順坡下驢，發文表示同意張邦昌所請。

張邦昌為帝期間，不穿帝服，不臨正殿，不稱孤道寡，飲食起居不用天子禮，更不接受朝拜。至於皇宮諸門，一律緘鎖，題以「臣張邦昌謹封」。所為種種，意在告知天下，他張邦昌不敢越雷池半步。倒是那個極力幫助金軍搜羅趙宋皇室女眷的大臣王時雍，見風使舵，又奉承起張邦昌來，每報一事，總是「臣啟陛下」云云，讓張邦昌如坐針氈，並連連喝斥：「呔！如此稱呼，豈不陷我於不忠不義嗎？」可王時雍依舊不改。小人的邏輯是，他下流，他便以為全世界的人都下流；王時雍不正經，以為張邦昌對他的斥責是假正經。總之，小人眼裏無好人。

張邦昌背負歷史罵名，苦撐殘局一個多月。金軍北返後，張邦昌親往河南商丘，向逃亡於此的趙構獻上玉璽。五月一日，趙構即位，改元建炎，南宋的歷史由此開始。

趙構繼承大統後，處於對張邦昌大局觀念的賞識，封其為太保、同安郡王。然而，李綱等卻上書極言，說張邦昌僭越皇位當斬。趙構不忍，認為張邦昌是出於脅迫才當的臨時皇帝，折中後把他貶往潭州（今湖南長沙）安置。但李綱等人不依不饒，繼續向趙構施壓。時值戰亂，趙構還要依仗李綱等舊臣，忍痛割愛，只得將張邦昌賜死。張邦昌接到詔書後，徘徊退避，不忍自盡。執行官嚴令催逼，張邦昌不得已，才登上潭州城內天寧寺的平楚樓，仰天長歎數聲之後，自縊而亡。說話間，這已是一一二七年九月間的事。不久，向金軍推薦張邦昌的宋齊愈也被腰斬；趨炎附勢的王時雍，亦被殺頭正典。

襯托之下，主戰派的李綱好像就成了正義一方。其實，完全不是這麼回事。就宋金之戰來說，主和並不見得賣國，主戰也不見得愛國。兩派只是觀點不同，目的卻極為一致。無論哪種政治主張，本意都是希望趙宋帝國香火不斷，這樣他們做大臣的、做軍政官員的，就可以繼續享受趙家皇帝賜予他們的奢靡生活。中國帝制史上，只有趙家皇帝如此毫無節制地賄賂自己的官員，其卵翼下的官員，也才如此癡迷趙宋皇室。李綱借助皇帝趙構之手，清除政敵後，他的宰相位置尚未坐穩，大敵依舊當前，他就鑽頭不顧腚地迅速享受腐敗去了。《樵書》上說：「李綱私藏，過於國帑；侍妾歌童、衣服飲食，極其美麗。每宴客設饌必至百品，遇出則廚傳數十擔。」只有看到這些，我們才會知道李綱主戰的真正目的。當然了，張邦昌也是趙宋帝國腐敗政策的既得利益者，因此他才在代理皇帝期間，不敢有任何僭越行為，並盡可能地去維護趙宋皇室的尊嚴。趙構深受感動，封他為同安郡王，他再次受益。至於他的死，那是大臣之間的政治鬥爭，不應記在趙宋皇室賬上。

張邦昌賣國？

張邦昌是否奸臣、是否賣國，幾乎成了仁者見仁、智者見智的事。歷史過去那麼久遠了，怎麼看的人都有，這都正常。只是在我看來，一個大臣的好壞，對於帝國的基本政策，及其發展方向的左右，實在是微不足道的。帝制就是專制，專制就是家制。換言之，宋帝國是老趙家一家一姓的國，宋帝國的大臣不過就是老趙家豢養的狗，讓你東你就不敢西，否則就是干預皇室私事——輕則遭貶，重者如岳飛，引來殺身之禍。所以說，擔起禍國殃民之責的，應是皇家，而不是大臣。

傀儡皇帝

說完張邦昌，還有一位人物，同樣是不可忽略的，那就是金帝國在一一三〇年八月扶植的第二個傀儡皇帝劉豫。張邦昌的偽政權稱之為大楚，劉豫的偽政權稱之為大齊。為便於讀者集中認識南北兩宋交替時期的這兩個傀儡皇帝，我們把劉豫的事置前來講。完了，再倒回去，把宗澤、岳飛等抗金的事，一一道來。

劉豫這位大齊皇帝，在趙佶時代曾任中央大學校長（判國子監）；趙構時代，則為濟南知府。劉豫做知府不久，金軍即進攻濟南。最初，劉豫遣子劉麟迎戰，金軍遠道而來，人困馬乏，無力做進一步的攻擊，終而撤軍，另圖他徑。金軍是硬的不行來軟的，他們很快派來使節，暗疏劉豫，並許以高官厚利。利益面前，人就會合計，比如劉豫就聯想到了他在前朝所受到的不公待遇，於是決定反戈一擊，投敵賣國。劉豫與金軍化敵為友，他也就搖身一變，成了大齊皇帝。

劉豫即位時，首以大名府為都，其子劉麟為各路兵馬總司令。為了使劉豫不致走得太遠，南宋政府沒有去激化他，且對劉豫政權官員在東南地區的家屬，厚恤以撫。金帝國這邊也加緊拉鋸戰，竭力拉攏劉豫，以使這個傀儡皇帝腳踏實地地為他們賣命。一一三一年底，金帝國索性把陝西的控制權，也一併交給了劉豫。這樣一來，中原盡屬劉豫。一一三二年夏天，劉豫正式遷都開封。讓人吃驚的是，這位劉豫可不像張邦昌，他幾乎無所顧忌，遷都的同時，也把他祖宗的牌位，一起遷來，安於趙宋一族的太廟。這未免也太出格了，不知苟且江南的趙構知道後，做何感想。趙宋皇室曾經的大臣，當下不僅在他們的故鄉開封稱帝，連其家廟都被易姓。這在傳統的儒家文化裏，對於趙氏一族來說，稱得上是奇恥大辱了。

無論從政治的角度，還是從軍事的角度，抑或趙宋皇室的角度，劉豫的所作所為，是可忍孰不可忍。因此，宋將李橫於一一三三年春，奉命率部進攻偽齊，一舉拿下穎昌府（今河南許昌以東），直逼開封。金帝國得知戰況，忙遣金軍留守部隊司令完顏宗弼（即中國評書迷所熟悉的金兀朮）前來增援；劉豫同時派李成，率兩萬人的軍隊予以迎擊，最終戰敗李橫。趙構深怕激怒金人，釀下不可預見的大禍，於是下詔，嚴禁宋軍侵齊。事不遂人願的是，南宋打算偃旗息鼓，可大齊卻又不幹了。一一三六年十一月，劉豫募集三十萬大軍，兵分三路，大舉南侵。趙構接報，又要一逃了之，終被大臣趙鼎勸止。南宋諸將背水一戰，得以挽回戰局。此後的南宋與大齊，維持了一個短暫的井水不犯河水的時期。

一一三七年，岳飛使反間計，遣間諜持蠟書送劉豫，上言「約同誅兀朮」。上面說過，兀朮即完顏宗弼。密信故意使完顏宗弼截獲，劉豫的結果可想而知。當了七八年皇帝的劉豫，臨了被完顏宗弼廢為蜀王，遷至臨潢府軟禁。九年後，劉豫撒手人間。應該說，他的結局，好於張邦昌。換言之，女真人比漢人更能容納異己。同樣是反間計，四百多年後的女真族後人即後金帝國，也給漢人中央政權使了這麼一招，結果明朝大將袁崇煥，被朱由檢皇帝下詔，給活活零刀碎割。出奇的是，幾乎所有明朝官員，竟然為之額手稱慶。可見漢人的劣根性，由來已久。

過不去的河

南宋初期，名將如雲，如雷貫耳的就有宗澤、岳飛、劉錡、張所、韓世忠等人。然而，他們依舊如北宋名將狄青等人，英雄無用武之地。以宗澤、岳飛為例，當他們打得金軍丟盔卸甲之際，身為皇帝的趙構，卻叫停了令人揚眉吐氣的反擊戰。

開封留守宗澤　進士出身的宗澤是主戰派，對於懦弱無為的趙構來說，骨子裏就排斥宗澤這樣的人，是以派他到襄陽當行政長官。在襄陽任上，宗澤聽說中央政府又要與金人議和，心如刀絞，他毅然上書說：「二聖北遷，宗社蒙恥，就是議和政策種下的惡果，今天不可再重蹈覆轍。臣雖不才，希望皇帝給我一個捐軀報國的機會。」恰值主戰派的李綱為相，又竭力推薦宗澤，趙構就只有恩准李綱所奏，委任宗澤為開封留守。

開封留守的重要就在於，他對內要收拾人心，重整河山；對外要防範金軍留守部隊的攻擊——金軍這支部隊留守黃河北岸，一方面監督中原的傀儡政權，一方面保持對趙宋殘餘勢力的打壓，以免其死灰復燃。當張邦昌交出由金軍冊命的皇權時，完顏宗弼怒不可遏，但因他們人少勢寡，除了日夜擊鼓騷擾外，別無他法。宗澤入京後，捕盜斬賊，安頓人心；修城設防，安頓天下；操兵習武，主動出擊；指揮得力，屢敗金兵。很快，開封就恢復了應有的秩序，居民也恢復了應有的信心。宗澤身感時機已熟，便上疏趙構，請他回鑾開封，以提振帝國軍民戰勝金寇的決心。膽小如鼠的趙構，僅以手詔慰諭敷衍，並無還都之心。

趙構「一朝被蛇咬，三年怕井繩」的心理，當然有他的道理。可以說，開封城是他們趙家永遠的傷心地。莫說金軍尚在，就是中原大地不見金軍一兵一卒，他也恐怕不願再回開封，再回那個令他撕心裂肺的都城。他的爸爸、他的哥哥、他的媽媽、他的老婆、他的妹妹，等等等等，就是從這個地方被金軍擄走的。在趙構看來，開封是個不祥之城，這裏的一門一窗，都能喚醒他痛苦的記憶；這裏的一草一木，都能刺痛他的心。他主意已定，別說開封，就連陪都商丘，他都打算拋棄，然後一路南下，躲得金軍遠遠的。這些想法，只是礙於主戰派執掌內閣，暫時不便實施罷了。

趙構是皇帝，他不回開封，宗澤也不能勉為其難。更何況，駐紮在真定、懷州、衛州等地的金軍，正積蓄力量，準備對開封展開大規模的進攻。金軍的留守部隊意圖很明顯，就是給宋帝國的殘餘勢力一點顏色看看。宗澤獲得這一情報後，立即與各部將官共商禦敵大計，嚴防金兵的突然進攻。同時，造戰車一千二百多輛，置開封四城，以加強防禦能力。除此之外，宗澤還在城外構助二十四個防禦據點，並在黃河南岸屯兵結寨，使之互為接應，層層防護。民間有人民的支持，軍隊有陝西、京東、京西諸路人馬的積極配合，使得宗澤對開封城防，胸有成竹。因此，他再次上疏，懇求趙構還都開封。宗澤哪裏知道，這時的趙構等人，已經開始策劃南逃事宜了，他這次的上疏，連個回話都沒得到。一一二七年十一月，趙構將李綱免職不久，果然開溜，逃往揚州。

一一二八年初，完顏宗弼的部隊經過充分準備，逼近開封，京城百姓人人為之震恐。宗澤率部迎擊，金軍大敗，退守黃河北岸。一向縱橫無敵的金軍，沒想到在這裏遇到了對手。影響所及，宗澤先後招降了河北大盜楊進的三十萬人馬，勸降了河西巨寇王善的七十萬人馬。接著，開封失陷後各擁兵為王、占山為寇的百萬盜賊，紛紛歸於宗澤麾下聽命。躊躇滿志的宗澤，決定擇日渡河，與金軍決一死戰。在戰前動員會上，諸將激動得淚流滿面，他們誓言，一定要把金軍趕出中原，以雪國恥。深受鼓舞的宗澤，第三次上疏趙構，說自己已擁兵百萬，收復山河，指日可待，泣求皇上還都，以圖中興大業。此時，已逃至江南的趙構，苟且成為他人生的第一目標，偷安成為他的第一大業，哪裏還聽得進宗澤的泣求呢？

　　這年八月，憂慮成疾的宗澤，忽發重疾病倒。眾將床前問疾，宗澤打起精神說：「我以二帝蒙塵，憤憤至此，希望重整軍威，再造河山。豈料出師未捷身先死，長使英雄淚滿襟！下面就看你們的了，爾等如能殲敵雪恥，則我死亦無恨！」眾將聞言，涕淚交流，齊聲答道：「老將軍的吩咐，我等敢不從命！」不久，七十歲的老將宗澤，帶著莫大的遺憾，離開人世。臨死前，他留給這個世界的最後一句話，竟然是「過河！過河！過河！」所謂壯志未酬，大概沒有這麼貼切的了。

　　宗澤死訊傳來，開封軍民號慟盈路。冷靜下來以後，開封軍民紛紛上書，請求素得將士之心的宗澤之子宗穎，代父理政。趙構對宗澤三番上疏請他回開封特別反感。恨屋及烏，宗穎也就受到趙構的冷落。權衡之下，趙構另派了酷而無謀的杜充前來接任。杜充到任，各路豪傑一哄而散，紛歸江湖，繼續為盜去了。一一二九年八月，杜充棄城而逃。轉年三月，金軍重新占領開封。至此，中原兩河（黃河、淮河）地區，完全成為金帝國的領地。

寫完這一節，我的耳畔依舊迴蕩著宗澤的「過河！過河！過河」聲，宋帝國軍隊不僅未能跨過黃河，而且連淮河都丟了。這不是宗澤過不了河，也不是宋帝國軍隊過不了河，而是趙構心中那匹泥馬過不了河。以至於將士用鮮血收復的部分土地，再次丟失；原本不該丟的土地，也一併丟失。這就是帝制的壞處，同時也是獨裁專制的壞處，國之興衰，全憑一人獨斷。趕上個能幹的，諸如李世民、康熙等，國就興一陣；趕上個草包，諸如嬴胡亥、楊廣等，國就敗一陣。帝國不幸，趕上系列草包蠢貨當道，諸如趙宋爺們，國就敗一陣亡一陣，亡一陣敗一陣，不僅他們皇室被折騰得死去活來，就連帝國人民也跟著遭殃長達三個世紀。你說專制多可怕！

岳飛的角色　岳飛的橫空出世，緣於宗澤的慧眼。據說身為下級軍官的岳飛，縱容手下搶掠百姓財物，被判處死刑。宗澤監刑時，見岳飛相貌不凡，身材魁梧，感歎一聲

「將才也」，便開釋了他。說起來，很像一個傳奇故事。但岳飛縱兵掠民，確是不爭的事實。

話要從北宋亡國的歷史背景說起，金軍入侵，北宋河山凋零殘破，中原盜賊趁勢蜂起。為了自保，岳飛組織起一支私人武裝（往好裏說叫岳家軍，往壞裏說就是土匪），看家護院的同時，順手牽羊撈一把，也不足為奇。《水滸傳》裏的九紋龍招募鄉鄰，原是防匪的，後來卻與土匪好成一家。所謂「人在江湖，身不由己」，實際就是王羲之所說的「情隨事遷」，就是什麼時候說什麼話。

外族入侵，正是國家用人之際，收編私人武裝加入帝國軍隊，是典型的情隨事遷。可以想見，這樣一支雜牌部隊，也就難脫匪氣。《朱子語類》第一百三十二卷記載，建炎年間，即趙構即位之初，勤王之師所過州縣，如入無人之境，恣行擄掠。第一百三十三卷又說，王師到商丘後，諸將擄婦掠女，醜行不可言狀。俞正燮《癸巳存稿》，矛頭更是直指岳飛部隊，說他們在宿營地解鞍脫甲，摟著擄來的婦女，大肆酗酒。汪精衛說岳飛是一個沒有節制的軍閥，大概由此而來。

宗澤刀下留人後，當即交給岳飛五百士卒，讓他戴罪立功。岳飛為了報答宗澤的知遇之恩，帶領五百官兵，如猛虎下山，大敗數千金兵，且斬敵梟將。宗澤大喜，隨即授岳飛統制之銜，並教他排兵佈陣之法。岳飛得到名將指點，加上自己的勤奮果敢，他很快就在兩軍陣前，成為一顆冉冉升起的軍事明星。不久，飄飄然的岳飛開始上書言事。他哪裏知道，政治比軍事複雜多了，結果弄巧成拙，反被罷免軍職。鬱鬱不得志的岳飛前往河北，投在宋將張所帳下，做了一名中軍統領。

一一四〇年，已是在軍中獨當一面的岳飛，率部北伐，進抵河南郾城，金軍司令完顏宗弼則集結重兵迎戰。這裏值得一提的是金軍的拐子馬——這是一種非常可怕的騎陣，三匹戰馬為一組，並排橫連。數百組戰馬在大平原上衝鋒陷陣時，天搖地動，震耳欲聾，所向披靡，勢不可當。在這次戰役中，完顏宗弼投入拐子馬近七百組，計兩千匹戰馬。完顏宗弼之所以做如此大的投入，目的是全殲岳飛部隊。令完顏宗弼沒想到的是，岳飛部隊以捨己救國的精神，一舉戰勝了金軍的致命武器拐子馬。岳飛部隊怎麼個捨己救國呢？就是步兵手持砍刀伏地，以一個人的生命換取一隻馬足，只要一匹馬的馬足被砍斷，整個拐子馬便連帶撲倒。對於這個意外的結果，完顏宗弼大為震驚，他傷心地說：「我軍自故鄉起兵至此，無不靠拐子馬制勝，今天竟如此慘敗，可悲可歎！」

震怒之下，完顏宗弼集結十二萬部隊反攻，在河南臨潁遭遇岳飛八百人的先頭部隊。宋軍毫不退縮，迎頭即戰，八百人全部戰死，金軍亦亡兩千多人。這再次震驚了完顏宗弼，他發現今天的宋軍，已不是十年前的宋軍，只好退回開封固守。岳飛部隊一路窮追不捨，尾追至距開封僅二十公里的朱仙鎮時，宋金兩軍當即展開決戰，岳飛僅以五百騎兵，就把喘息未定的十萬金兵，打得落花流水。完顏宗弼連滾帶爬，逃回開封，他開始計劃放棄黃河以南地區，退守燕京。

受宋軍節節勝利的鼓舞，淪陷區人民紛紛起義，切斷金軍糧道，準備迎接祖國部隊。宋軍所到之處，人民要麼挽車牽牛送軍糧，要麼頂盆焚香慰英雄，一派擁軍熱景。對於金帝國來說，面臨的壓力則愈來愈大，一方面，他們在燕京以南的占領區，已無法發號施令；另一方面，北方漢族義軍四起，對金帝國的統治，構成直接威脅。更嚴重的是，金軍將領王鎮、高勇等，主動南逃降宋。就連完顏宗弼手下最得力的幹將韓常，也欲以五萬部隊作為宋軍的內應。岳飛審時度勢，決定乘勝追擊，他在動員令中說：「我們要直搗黃龍府①，迎回二聖，到時定要痛飲相慶。」

就在岳飛準備改寫歷史的時候，驚聞帝國中央準備與金方議和，並欲退守淮河以南地區。這意味著，中央政府不僅不打算收復河山，且把淮河以北地區也拱手讓人。岳飛當即上疏，極力阻止這種瘋狂的敗國行為。趙構一意孤行，一天十二金牌②，終止了岳飛的軍事行動，讓他速速班師回朝。岳飛無奈，只得打道回府。聽說英雄的部隊就要回撤了，當地人民扶老攜幼，湧至軍中泣訴，他們對岳飛說：「我等頂盆焚香、運糧運草，迎接祖國的部隊，這些金軍都是知道的。將軍和部隊走後，金軍必將我輩殺得乾乾淨淨！」岳飛扼腕悲泣，他從懷中掏出聖旨說：「朝廷有命，我不敢擅留。」百姓聞之，哭聲徹野。為避免金軍的報復，岳飛特地停留五日，等候願意隨軍南遷的百姓，結果從者如市。岳飛部隊班師後，所得州縣，復陷金軍之手，留下的百姓，重歸金軍鐵蹄之下。

卿盛秋之際提兵按邊風霜已寒征馭良苦如是別有事宜可密奏來朝廷以淮西軍叛之後每加過慮長江上流一帶緩急之際全藉卿軍照管可更戒飭所留軍馬訓練整齊常若寇至蘄陽江州兩處水軍亦宜遣發以防意外如卿體國豈待多言

付岳飛

趙構即位初年，起用一些抗戰派將領，特別對岳飛，他又愛又敬，且親筆寫信給岳飛無數。圖中所示，即趙構給岳飛親筆信《賜岳飛批劄》之一部分。

岳飛雖然回到了首都杭州，但他強烈反對議和的態度沒有改變。金帝國暗示說，岳飛是兩國議和的障礙，如果趙構沒有能力消除內部分歧，就把趙桓放回，由他來搞定議和事宜。趙構就怕這個，遂起剷除岳飛之心。

當然了，趙構忌恨岳飛，還有另一層原因，那就是岳飛干預皇家私事。我們在前面說過，岳飛在前線打仗，不僅聲稱直搗黃龍，迎回兩位皇帝，他還寫信催促趙構快立皇儲。按照岳飛的設計，迎二帝、立一帝，再加上現任的趙構，到時候，南宋不就有四位皇帝共治天下的格局了嗎？無論岳飛有多大的善意，對於趙構來說，這都是不可接受的。迎不迎二聖回來、立不立太子，這都是他趙家的私事。天無二日，何況弄出四「日」來呢？到時候，誰又是射掉另外三個「日」的后羿呢？誰又是能惟一保留下來的那個「日」呢？趙構也會想：「哦——你岳飛還有『這個』心思，大事不妙！」於是指示秦檜，趕快把岳飛從前線調回。

其實，早在岳飛去前線之前，他就曾當著趙構的面，提過立皇儲的事。趙構當時就痛斥岳飛干政。被痛斥後，岳飛不僅沒有叩頭謝罪，反而面露不悅之色。這時的趙構就意識到，岳飛遲早會成為他的心腹大患。岳飛對皇帝如此，對同事更是少有尊重。都督張浚向岳飛徵求人事安排的意見，他不問青紅皂白，一律否定。張浚權重位高，對岳飛多次有提攜之恩，但岳飛從不顧及。明朝思想家李贄說到這段歷史時，認為岳飛口無遮攔，不計後果，且胸無城府，是以得罪很多人。岳飛與張浚鬧意見後，常常罷工，部屬跪下來以死相求，也往往無法將他打動。與之相比的韓世忠就頗為乖巧，知道政治不比軍事，索性稱病回家，閉門謝客，因而他得以保全性命。

秦檜在趙構的授意下，誣告岳飛謀反，將其逮捕下獄，並秘密處死於風波亭。從某種意義上說，是岳飛的人格缺點，把他的生命定格在了三十九歲。岳飛的歷史角色，至此完成，他的〈滿江紅〉，也成為一個永遠的空想，詞曰：

> 怒髮衝冠，憑欄處，瀟瀟雨歇。靖康恥，猶未雪；臣子恨，何時滅。駕長車，踏破賀蘭山缺。壯志饑餐胡虜肉，笑談渴飲匈奴血。待從頭，收拾舊河山，朝天闕。

王夫之曾直言不諱地說，倘若岳飛北伐成功，就算回頭滅了趙宋政權，自己當皇帝，也比中國易主好得多。問題是，宋帝國文臣武將儒家的東西太多，也就不敢悖逆，大家只好一塊等死。

①黃龍府，即今之吉林農安，位於長春市與松原市之間，趙佶、趙桓父子最初羈押於此。

②所謂金牌，實乃木牌朱漆黃金字，使者舉牌疾馳而過，路上的車馬行人見之，無不躲閃讓路。金牌使者一天要走五百里，一路之上，換馬不換人，把最為緊急的軍令或詔令，快速傳送到目的地。

屏風掩淚

宗澤未過黃河身先死，岳飛未搗黃龍亦先亡。大處說，這是宋帝國的悲哀；小處說，這是兩位抗金將領個人的悲哀。倘非朝中和議派的阻撓，這二人誰都有望改寫趙宋帝國的歷史。宋帝國政治從來就不眷顧個人功名，反過來，個人也就無法眷顧帝國興亡。進一步說，個人的功名，有賴於帝國的扶持；帝國的強大，有賴於個人功名的支撐。只有國家與個人的互補，國才會富，民才會強。二者缺一，則國將不國，民將不民。北宋政權視個人功名為心腹大患，排擠功臣幹將賢才，導致帝國一弱再弱，直至滅亡。南宋不以為訓，依舊強烈地害怕個人建立功名，是所謂功高震主在作祟。宗澤的遺憾、岳飛的結局，也就顯得再正常不過了。

岳飛作為宋金議和的障礙被清除後，兩國於一一四二年一月正式簽訂和約，內容大致為：㈠南宋降為金帝國藩屬，其皇帝由金帝國冊封。換言之，趙構須向金帝國皇帝稱臣。㈡兩國以淮水中流為界。㈢南宋每年向金帝國進貢銀幣二十五萬兩，綢緞二十五萬匹。㈣金帝國歸還趙佶遺骸及趙構生母韋太后，並承諾繼續囚禁趙桓和其他親王，以免他們回來威脅趙構的皇權。對這份屈辱但不乏誘惑（第四條）的和約，趙構全部予以接受。不僅如此，他還上書金帝國皇帝，又是感激涕零，又是發誓效忠：「臣構言：既蒙恩造，許備藩國，世世孫孫，謹守臣節。每年金國皇帝生辰並正旦，遣使稱賀不絕。」聯想到十五年前趙構寫給完顏宗翰的求生信（見第四章），現在可以說，趙構匍匐在地，總算如願以償地等來一個人家賜予的江山。過去，他那封下賤的求生信是肺腑之言；今天，他這封可恥的效忠信同樣是肺腑之言。一個帝國有了這樣的當家人，不愁屈辱，也不愁亡國。

一一五六年，金帝國進入完顏亮時代，已有六七年了。這時，金帝國迎來了他們的漢化鼎盛期。我們不知道這是不是巧合，金帝國高度漢化之際，正是其統治集團腐化墮落之時。其他官員先不說，即便皇帝完顏亮，也難逃腐敗泥潭。淫亂無度是他，荒廢朝政也是他①。總之，完顏亮以享樂為要務。一一六一年三月，完顏亮從燕京出發，率大隊人馬，浩浩蕩蕩奔赴開封，目的就是享樂來的。南宋君臣不知就裏，惶恐不安，趕緊派出使臣到金帝國，表達深度不安。大意是說：

如果大金皇帝只是到洛陽賞賞花，則沒有必要帶著大隊人馬來；如果是金國遷都開封，你們屯兵宿州、亳州等地，則本國也不免要在淮上屯兵；如果大金皇帝是到開封小住，很快就回燕京，本國也不會增防邊界。上述舉措，不是毀盟，而是為國之道，不得不如此。

可以說，南宋文臣起草的這份外交文書，真是酸透了。無論是政治層面，還是軍事層面，他們既不能正確估計對手，也無法正確估計自己。距離兩國簽訂和約還不到二十年，南宋君臣應該不會忘記那份令他們蒙羞的和約，更不該忘記相關的內容。和約清清楚楚地表明，洛陽是金帝國的地盤，開封亦然，人家的皇帝想到上述任何地方，賞花也罷，居住也罷，那都是人家的事，與南宋何干？瞧那措詞——賞花何必帶軍隊來；小住即回我們也不會增防邊界；你屯兵宿州、亳州，我就屯兵淮上；還說什麼「為國之道，不得不如此」，真是酸掉一地大牙。南宋作為金帝國的藩屬，你有什麼資格決定上國事務？有什麼資格談為國之道？

金宋自簽訂和約以來，一直維繫宗主國與藩屬國的關係，突然之間，南宋這邊冒出一份看上去很嚴正、實則大言不慚的外交文書，完顏亮看了就很不是滋味：「噫，南宋君臣吃錯藥了吧？我身為宗主國之主，難道沒有在本國土地上遷徙居住的自由嗎？我到哪裏賞花、到哪裏居住，還需要爾等指手畫腳？你南宋君臣難道忘了自己作為藩屬國的身分了嗎？」一氣之下，完顏亮就派高景山（殿前都點檢）、王全（刑部侍郎）出使南宋，去羞辱趙構。臨行前，完顏亮特地囑咐王全：「你見到趙構後，不必顧及禮節，唸完我的信後，你自由發揮，揀了難聽的話說就是了，有我為你做主，他必然不敢加害於你。」接著又對高景山說：「回來後，你把王全與趙構的問答，一一備述給我聽。你們二人如若不能言聽計從，回來後，必嚴懲不貸。」

高景山、王全一行到杭州後，趙構在紫宸殿接見了他們。高景山呈畢國書（這是一份正式的文件，其中有索要淮、漢之地，以及索押南宋四名大臣等重要內容），接下來輪到王全表演，他飛揚跋扈地走到趙構正對面，疾言厲色，大聲朗讀完顏亮的書信。王全一邊讀信，一邊指點趙構，恍如家長訓斥頑童，語氣極盡侮辱之能事。趙構好歹也是一國之主，眼前說昏話的是完顏亮本人倒也罷了，一個小小外交官，如此缺乏外交禮節，侮辱一國元首，趙構怒不可遏，於是厲聲斥責王全：「王公，我聽說您也是北方世家大族出身，怎麼這等沒有教養！」王全知道高景山在一旁負責監督他，生怕表現不好，回去被完顏亮一刀宰了，遂一蹦三尺高，用手指著趙構大叫道：「你有教養，靖康的時候，你連父兄家人的性命都不顧，自己帶著軍隊南跑北顛、東躲西藏。你也配說教養二字！」

王全這幾句，就如一個重磅炸彈，投在接見大廳，一時之間，把陪同接見的南宋大臣，震得暈頭轉向，不辨南北。王全的話，猶如利刃，句句插在趙構心上，氣得他上氣不接下氣。趙構無地自容，他怒目瞪了一下王全，隨即拂袖而去。王全不依不饒，依舊肆無忌憚地振臂高呼：「唉唉，你別走呀，我受命前來商談兩國大事，你置我於不顧，愈發沒教養了！」王全之行徑，不僅是對趙構個人的侮辱，更是對一個帝國的侮辱，同時也是對在場的南宋大臣們的侮辱。趙構走後，個別大臣方才醒過神來，禁衛軍軍官李横上前喝斥道：「王全，不得無禮，有話好好說！」軍官劉炎則尾隨趙構，至大殿屏風後面，意欲安慰，卻見趙構正在那裏涕淚交流，慟哭不止，一時愣怔在那裏，不知說什麼好。

趙構哭什麼呢？他有兩哭，一是王全對他的當眾侮辱，一是王全帶來一個讓他百感交集的噩耗，即他同父異母的哥哥趙桓死了。王全侮辱他，他受不了；他哥哥死了，他同樣受不了。趙構一直以來，都把他哥哥趙桓當做潛在的皇位競爭對手。為此，他們還把金帝國永遠囚禁趙桓的條款，寫進宋金和約。一一四二年，趙構之母韋氏與趙佶梓宮南歸時，趙桓曾跪求韋氏帶信給趙構，求弟弟將其贖回，說只求回國閒居，絕無做皇帝之意，但被趙構斷然拒絕（《續資治通鑑》、《說郛・朝野遺記》、《宋史紀事本末》均載此事）。如今，趙構再也不必擔心他哥哥回來奪他的皇權了，這時他的手足之情得以回歸，於是悲從中來，淚如泉湧。

而就在這一時期，一個悄然的變化，卻始終不被宋帝國君臣所注意，即宋金力量對比，發生重大逆轉，並已呈現出宋強金弱的態勢。這種變化，源於金帝國的後期腐敗。遺憾的是，南宋君臣對此全然不覺。所以我們看到這樣一個滑稽的政治現實，富強的宋帝國不僅向貧弱的金帝國稱臣納貢，還備受各種屈辱。在趙構來說，最大的屈辱，莫過於金使當眾羞辱他。

但我們要說，趙構畢竟是趙構，世間有那麼多美好事物等待他去體驗，何須自尋煩惱。所以，趙構很快忘卻王全對他的侮辱，很快忘卻他哥哥趙桓之死，很快忘卻來自北方的威脅，旋即回到溫柔鄉，及時行樂去了。

①一一四九年，以生活簡樸和對人謙恭著稱的完顏亮，殺了金帝國第三任皇帝完顏亶，自己即位。第二年，一一五〇年，即對皇族大開殺戒，完顏宗翰、完顏宗望、完顏宗弼的後裔，皆以擊頭挖心的方式加以滅絕。完顏亮殺了皇室貴族男性，卻把他們的妻女，納入後宮群交，淫亂無常。而這些婦女，正是完顏亮的叔母、姑母、姐妹，其獸行令人髮指。明代馮夢龍編纂的《醒世恆言》，有一卷叫做〈金海陵縱慾身亡〉，就是寫完顏亮淫亂的。完顏宗翰、完顏宗望、完顏宗弼當年滅北宋，擄掠數千北宋皇室女性，供金帝國男人蹂躪。這幾位滅宋主將的後人及其家眷，沒遭宋人的報復，卻由他們內部的完顏亮來收拾，大概這也叫輪迴報應罷。一一六一年，金帝國遷都開封。入住中原後，完顏亮深化中央集權制，廢三師三公，廢元帥府等等，他自己總攬軍政大權。總之，組織制度，一切都向趙宋帝國看齊。因為推行得力，完顏亮後期的金帝國，徹底漢化，並最終走上高度集權與高度腐化的不歸路。

繞不開的人

在本書中，我沒有單節書寫秦檜的計劃。可是整本書寫完才發現，寫宋史，尤其寫南宋史，秦檜這個人，無論如何是繞不開的。可要寫他，又何其難。秦檜實在複雜，其歷史的爭議，前所未有。本書旨在探討兩宋是如何亡國的，秦檜雖負有某種歷史責任，究竟他只是一個大臣，還當不了趙氏的家。不幸的是，這個倒楣鬼，一直被不屈不撓的中國人當作反面教材，讓他及其夫人，跪在史冊裏，跪在我們的視野裏。二十一世紀的雕塑家金鋒，斗膽讓秦檜夫婦站了起來，並把他們的雕像展於上海一家藝術館，其招致的非議，不難想見。

秦檜官至宰相，封太師、魏國公，死後加封申王。他精通歷史，知識豐富，具有很高的文化修養，並寫得一手好字。其性格沉穩，理智而機敏，有明確的政治主張和政治謀略。金人未破開封前，秦檜一直主張抗金，反對割地求和。靖康之難後，金帝國要求宋割讓太原、河間、中山三鎮，身為職方員外郎的秦檜堅決反對。當時同意割地的有以范宗尹為首的七十人，而反對派則有以秦檜為首的三十六人。在金軍的威逼下，宋帝國百官議立張邦昌為帝，秦檜也是為數不多的反對者之一。金軍因此將其北擄。

秦檜的一生，毀就毀在他於一一三〇年的南歸（從金帝國回到南宋帝國）——賣國是他；害岳飛是他；獨攬朝政、排除異己、大興文字獄還是他。在南宋，如果說還有什麼壞人，那就只有一個秦檜。在中國歷史上，第一奸相，恐怕也非秦檜莫屬。一個堅定的愛國者，一回國就成了堅定的賣國賊，這在邏輯上何以自圓其說呢？

秦檜真如世間所言那麼奸惡，他死後，當朝皇帝趙構何以為其題碑，盛讚他「決策元勳，精忠全德」呢？又何以追封他為申王呢？尤其秦檜回國之初，趙構更是將他比作常持漢節的蘇武①。朝中重臣如范忠尹、李回等人讚秦檜為忠臣，李綱甚至書讚秦檜「精忠許國」、「立大節於宗社傾危之秋」。這是時人同時也是主流社會，對秦檜的一個基本定論。但我也不會就此說，秦檜是什麼好人。專制社會的官場，幾無好人；而且官銜愈大，愈是十惡不赦，秦檜自不例外。但這並不等於說，南宋的政治爛賬，應由秦檜一股腦挑起。我還是那個話，秦檜再厲害，也當不了趙氏的家。像岳飛這樣握有軍權的人，說個殺都殺了，你個文官算得了什麼？

至於說秦檜富可敵國，那也不是什麼罪責。兩宋的大臣，幾乎全是富可敵國的主兒。而且，人家趙宋皇室就願那樣（大臣都生活糜爛了，也就失去鬥志，沒法政變了），局外人也無話可說。

從二〇〇六年出土的秦檜親筆遺囑中，我們意外地發現，秦檜對岳飛的戰功給予很高的評價，認為岳飛驍勇善戰，為其議和提供便利空間。但同時指出岳飛的人格缺點，認為他性格孤僻不合群，功名心切易招忌，甚至與皇帝談話時，一語不合即撂挑子走人。岳飛的這些性格缺失（我們在「岳飛的角色」分節裏提到過），早為很多史料所證實。秦檜遺囑所言亦是，可見岳飛引來殺身之禍，與他自己的性格密切相關。趙構絕後，岳飛卻偏偏催促立太子，從而犯了為臣之大忌，趙構是以對其起了殺心。秦檜在遺囑中表示，他已竭盡全力保全岳雲和張憲，但趙構指示一個都不留，他亦無可奈何。

岳飛被殺，沒有法律依據，同僚不敢問皇帝，只好都來質問秦檜。秦檜不便說是皇帝的意思，只好說「莫須有」含糊應對。岳飛死後三年，即一一四五年（秦檜時年五十五歲），秦檜做此遺囑，當然可以視作為己辯護。但他在遺囑中告誡子孫遠離政治，應該說是實話實說。因為他深知自己在政治上，將因議和、因岳飛冤案等，「獲譴汗青；蒙羞萬年」。這說明，在中國，政治的可怕，遠在法律之上。帝制時期是這樣，現在亦然。

① 西元前一百年，蘇武出使匈奴汗國時被扣留，因他拒絕投降，匈奴把他放逐到冰天雪地的北海（貝加爾湖）。蘇武在那裏靠牧羊為生，二十年之久，始終拒絕投降。西元前八十一年，蘇武被釋放回國時，已六十餘歲，他的妻子早已改嫁，家人也早已星散。西元前六十年，蘇武病故，享年八十有餘。蘇武死後，漢宣帝命人繪蘇武像於未央宮之麒麟閣，以表彰其威武不屈、貧賤不移的忠貞精神。

錯把杭州作汴州

前腐後繼　南宋向金帝國稱臣納貢，卑躬屈膝，以期保住政權，繼續他們糜爛的生活。事實上，他們也部分地達到了這一目的。我們說，這不是南宋政權的成功，而是金帝國進入末期腐敗，已無力大舉伐宋所致（一一六一年六十萬金軍攻宋失敗即為明證）。南宋統治集團，沒有人看到這一點，或許他們受北方強鄰凌辱一百多年，已經徹底喪失了崛起和反擊的意識。只要對方給上一點好顏色（如冊封趙構為南宋皇帝、歸還趙佶遺骸和趙構生母等等），他們就像一個孩子在父母那裏得到聖誕禮物一樣，樂不可支。這個時候，金帝國向他們要什麼，南宋就奉獻什麼，基本是伸手不拒。

安頓好了北方強鄰，接下來就該是南宋君臣過逍遙日子的時候了。什麼屈辱，什麼廉恥，什麼亡國，什麼趙宋皇親國戚俘擄北國，什麼跪接金國詔書，把這一切不愉快都統統丟到九霄雲外去吧，人生苦短，及時行樂為要。這就是南宋皇室的心態，南宋政權的心態。因為南宋是北宋的繼續，趙佶時代的各種惡習，不僅絲毫沒有改革，反而大大發揮了。所以，南宋的政治，比北宋更加惡劣，人民的生活，比北宋更加慘痛。

我們首先來看看趙構，這個生性淫侈的傢伙，不愧是趙佶的兒子。他在杭州大建宮殿，僅御花園就有四十多所。趙構對美女的需要，原本是第一位的。自一一二九年初春受驚嚇陽痿後，他奢靡的興趣，便開始轉向工藝和美食。趙構有一座創庫，堪稱天下第一庫，這裏雲集了各方面的能工巧匠，專門為他製造各種奢侈藝術品。比如藝術家們就曾經為他創製過一個大石池，裏面以水銀代水，池中置滿金製魚和鴨，可謂奢侈有餘，而藝術不足。飲食方面，他每天的食譜上，雖僅有珍餚數十種（中國歷史上，有的皇帝每頓佳餚就有上百種），但每一樣都精益求精。以水產品為例，御膳房廚官只取土步魚圍棋子大小的兩腮，只取海蟹兩螯，餘皆丟棄。倘有窮人到皇家垃圾坑去撿拾被丟棄的魚蟹，廚官見了就會一邊嘲笑，一邊罵罵咧咧：「這都能吃，你們真是豬狗不如！」

趙構出行，鋪張浪費就更大了。南宋時的杭州，再大也沒有今天大吧，可趙構在城內活動，出一回宮門，就有一萬兩千多人的安全部隊隨行。如果把這些安全部隊三步一崗、五步一哨地劃分開，還不得滿城是兵呀。一個皇帝，一萬多官兵，去哪裏串門、散步，都像是蝗蟲襲來，四方為之震動。一天，趙構到張俊將軍家遊玩，張俊為了伺候主子，事先準備了數百種精美食品，同時進奉寶器、古玩、書畫數百件，金器一千兩，珍珠七萬顆。那一萬多兵也不是喝西北風的，張將軍犒賞了他們一千匹羅，三萬貫錢（約合現在的人民幣一千五百萬元），三千斤肉，兩千瓶酒，兩萬多個燒餅。張俊不過就是一個將軍，他哪裏來這麼多錢財招待趙構一行？還不是像北宋時的童貫一樣，貪污軍費唄。貪污的盛行，南宋比北宋有過之而無不及。

我們注意到，趙宋政權三百二十年，似乎只有第一代領導人趙匡胤反過腐敗；第二代領導人是嘴上反腐敗，卻沒有實際行動；第三代領導人及其後來者，不知何謂反腐，甚至連他們自己都積極參與到火熱的腐敗生活中。一種荒謬的理論，就像魔咒一樣，扼住了趙宋帝國的咽喉，即腐敗是趙宋政權的穩定劑。在這一理論指導下，趙宋政權倡導、鼓勵、幫助各級官員腐敗（詳見第一章「皇恩浩蕩」一節）。基於這樣的政治傳統，趙構以江南多雨路滑為名，下令准許百官乘轎。從此，帝制中國便開始了無官不轎的歷史。因為帝國的官員們都忙著腐敗去了，所以無人關心國家的前途和命運；因為帝國的官員們都太物化了，所以個個蠢如豬玀。不過，這正是趙宋皇室所要的政治效果，趙構就說：「帝國的這些官員雖然沒有什麼才能，但也不至於相互激勵，圖謀奪取我的皇位。」

從趙構的話裏，我們可以得出一個基本的判斷，即一支深度腐敗的幹部隊伍，符合帝國利益，更符合趙宋皇室的利益。只有作為專政機器的幹部隊伍腐化墮落了，帝國才會顯現出超常的政治穩定，趙宋江山也才似乎固若金湯。這個邏輯，正是全宋腐敗三百年不動搖的一個核心價值體系。

奇怪的是，南宋一百多年，幹部隊伍比北宋還腐化墮落，竟然沒有發生大規模的農民起義。我的觀點是，一個政權愈腐敗，其皇政軍體系就愈殘暴。貪腐集團之所以對人民實施流氓手段，目的就是維護所謂的政治穩定，進而才能維護統治集團的貪腐穩定（宋帝國穩定壓倒一切的理論，實際就是為腐敗分子保駕護航）。南宋人民在貪腐集團的盤剝與高壓下，物質上一貧如洗，精神上一貧如洗。這種境況下的南宋人民，早已失去了反思、反叛的能力。所以，南宋一百多年，沒有發生大的農民起義。這是南宋貪腐集團的成功，卻是南宋人民的失敗。

南宋禁言　一個政權，貪腐有多酷，打壓知識分子就有多烈，這幾乎成了新老專制集團共同的特徵。何以如此？原因就在於，任何時代的知識分子，都是一個國家中最為清醒的階層，他們博覽群書，視野寬廣，辨別力強，號召力大。打壓這部分人，是所有貪腐集團的頭等任務。趙構與秦檜之流也不例外，他們詔令各州郡所有出版的書籍，必須另用黃紙加印一部，呈秘書省備案查閱。沒有備案的，一律視為非法出版物，書籍將被沒收焚燒，相關人員將被嚴懲。對各郡考生的試卷，就更嚴厲了，趙構竟然親自批閱（他沒有被累死，也是個奇蹟），試卷中略有批判皇黨及其貪污集團的言論，哪怕是暗識，這個學生的前途命運都會告吹，甚至引來殺身之禍。

發生在秦檜身上的禁言事件，就更加離奇。有一回，秦檜舉行家宴，他家的戲班子為之助興。一個扮演小官的演員，其頭上的大環跌落在地。另一個演員問道：「這是什麼環？」那個演員答道：「二勝環。」巧的是，「二勝環」恰與「二聖還」諧音。二聖即時人對趙佶、趙桓父子的合稱，他們被金軍俘去後，南宋的主戰派一直有迎回他們的呼聲，其中以岳飛的「直搗黃龍，迎回二聖」最為著名。岳飛也因此命喪黃泉。岳飛之死，秦檜是幕後操盤手，他對「二勝環」自然敏感。然而，戲到這裏並未結束，先前問話的那位演員又發話了：「你坐太師椅，為什麼把二勝環丟在腦後？」嘿，這可是忌諱什麼，他來什麼。秦檜時稱太師，你這裏把太師與二勝環聯繫在一起，就成了秦太師不管二聖的死活。這還了得，秦檜怒起：「罷了罷了！」演員們這才意識到犯忌了，個個頓失人色。隨即，秦檜命手下把那幫演員統統當作政治犯，關進大牢。犯忌的兩位演員，還莫名其妙地死在獄中。

我們都知道，宋詞是中國文學的一個里程碑。然而北宋滅亡，如此重大的歷史教訓，卻極少反映到南宋詩詞作品中。相反，我們看到的宋詞，大都豔麗無比。倒是身為女性的李清照，我們還能在她的詩詞中，找到一些反思性的片段，如：「生當做人傑，死亦為鬼雄。至今思項羽，不肯過江東。」這首詩寫於一一二九年，李清照與丈夫趙明誠乘船去蕪湖，沿江而上時，經過烏江項羽自刎處。觸景生情，李清照聯想到北宋亡國、聯想到南宋節節敗退，就寫了這首詩，以此抒發內心的苦悶。當然，這也是中國文人式的干政，也可以說是對南宋政權的強烈譴責。這樣的言論，出於南宋政權的風雨飄搖期，也就無人拿來上綱上線，治罪也就談不上。可是等趙構一坐穩皇帝，有的知識分子就倒楣了，如范彥揮因作夏日久陰詩、芮曄因作牡丹詩、賈子展因醉後有嘲笑語言、李孟堅因父李光撰《野史》

等，一律獲罪，統統被發配惡鄉勞改。

李清照乃纖弱女子，看到這些殘酷的政治現實，便立即收住「江山留與後人愁」的鋒芒，筆尖一轉，寫起了頌歌。一一四三年，李清照連寫五首應酬皇室的詩。在這些詩中，有為趙構歌功頌德的，有奉獻皇后的，有給後宮的，有祝賀某貴妃為皇帝所寵幸的。殷勤之至，無以復加。這正說明了李清照時代，政治環境的惡劣。

任何時代，管你執政當局禁絕言論到何種地步，永遠無法造成鐵板一塊的格局。言論總有它的氣孔，有它流動的規律。南宋政權如此滅絕言論，可仍給我們留下了林升怒斥南宋政權的詩。這類文字也許太少太少了，然而就這幾句，足以勝過南宋執政當局自己書寫的浩瀚正史，足以勝過所有的頌詞。林升寫道：

山外青山樓外樓，
西湖歌舞幾時休？
暖風熏得遊人醉，
直把杭州作汴州！

單看這首詩，它也只是懷有怒其不爭的情緒。但當我們聯想到金軍擄走的那一萬多北宋人民（包括趙宋皇族數千人在內），聯想到那些慘死的，聯想到那些還活著並正飽受金人蹂躪的宋俘，這首詩就有了更深的意義。以宋俘中的皇室成員為例，他們每人每月發五斗稗子作為口糧，自己舂著吃（舂完後，實際只有一斗八升）；每人每年發五把麻，由他們自己織布為衣。這些皇室成員，平日養尊處優，五穀尚且不分，哪裏會織麻為衣。因此好多人無衣可穿，終年裸體度日。到了冬天，東北天氣奇寒，宋俘冷得受不了，便冒雪外出拾柴取暖，一凍一熱，耳鼻、手指、腳趾和皮膚，就像散了架的零部件，紛紛脫落。許多宋俘因皮肉潰爛，導致感染而亡。趙構的直系親屬們，在北國過著地獄般的生活，而他及其貪腐集團，卻把杭州當作開封老家，在那裏鶯歌燕舞，醉生夢死，其忘卻國恥的醜惡嘴臉，令人印象深刻。

大宋皇帝在位年表

北宋立國166年				南宋立國153年			
廟號—姓名	享年	在位	備註	廟號—姓名	享年	在位	備註
太祖—趙匡胤	〔927-976〕49	17年	傳弟	高宗—趙構	〔1107-1187〕80	36年	傳侄
太宗—趙光義	〔939-997〕58	22年	傳子	孝宗—趙昚	〔1127-1194〕67	28年	傳子
真宗—趙恆	〔968-1022〕54	26年	傳子	光宗—趙惇	〔1147-1200〕53	5年	傳子
仁宗—趙禎	〔1010-1063〕53	42年	傳侄	寧宗—趙擴	〔1168-1224〕56	31年	
英宗—趙曙	〔1032-1067〕35	5年	傳子	理宗—趙昀	〔1205-1264〕59	41年	傳侄
神宗—趙頊	〔1048-1085〕37	19年	傳子	度宗—趙禥	〔1240-1274〕34	10年	傳子
哲宗—趙煦	〔1077-1100〕23	16年	傳弟	恭宗—趙顯	〔1271-1323〕52	2年	傳弟
徽宗—趙佶	〔1082-1135〕53	26年	傳子	瑞宗—趙昰	〔1269-1278〕9	2年	傳弟
欽宗—趙桓	〔1100-1161〕61	1.2年		無廟號—趙昺	〔1272-1279〕7	1年	

血歷史34　PC0257

新銳文創
INDEPENDENT & UNIQUE

大宋帝國亡國錄

作　　者　魏得勝
責任編輯　鄭伊庭
圖文排版　郭雅雯
封面設計　李孟瑾

出版策劃　新銳文創
發 行 人　宋政坤
法律顧問　毛國樑　律師
製作發行　秀威資訊科技股份有限公司
114 台北市內湖區瑞光路76巷65號1樓
電話：+886-2-2796-3638　傳真：+886-2-2796-1377
服務信箱：service@showwe.com.tw
http://www.showwe.com.tw
郵政劃撥　19563868　戶名：秀威資訊科技股份有限公司
展售門市　國家書店【松江門市】
104 台北市中山區松江路209號1樓
電話：+886-2-2518-0207　傳真：+886-2-2518-0778
網路訂購　秀威網路書店：http://www.bodbooks.com.tw
國家網路書店：http://www.govbooks.com.tw

出版日期　2012年11月　初版
定　　價　320元

國家圖書館出版品預行編目

大宋帝國亡國錄 / 魏得勝著. -- 初版. -- 臺北市 : 新銳文
創, 2012.11
面;　公分. --(血歷史)
ISBN 978-986-5915-14-8(平裝)

1. 宋史

625.1　　101017557

讀者回函卡

感謝您購買本書，為提升服務品質，請填妥以下資料，將讀者回函卡直接寄回或傳真本公司，收到您的寶貴意見後，我們會收藏記錄及檢討，謝謝！如您需要了解本公司最新出版書目、購書優惠或企劃活動，歡迎您上網查詢或下載相關資料：http:// www.showwe.com.tw

您購買的書名：________________________________

出生日期：________年________月________日

學歷：□高中（含）以下　□大專　□研究所（含）以上

職業：□製造業　□金融業　□資訊業　□軍警　□傳播業　□自由業
□服務業　□公務員　□教職　□學生　□家管　□其它_____

購書地點：□網路書店　□實體書店　□書展　□郵購　□贈閱　□其他

您從何得知本書的消息？

□網路書店　□實體書店　□網路搜尋　□電子報　□書訊　□雜誌
□傳播媒體　□親友推薦　□網站推薦　□部落格　□其他__________

您對本書的評價：（請填代號　1.非常滿意　2.滿意　3.尚可　4.再改進）

封面設計____　版面編排____　內容____　文／譯筆____　價格____

讀完書後您覺得：

□很有收穫　□有收穫　□收穫不多　□沒收穫

對我們的建議：________________________________

____

____

____

請貼
郵票

11466
台北市內湖區瑞光路 76 巷 65 號 1 樓

秀威資訊科技股份有限公司 收

BOD 數位出版事業部

(請沿線對折寄回，謝謝！)

姓　　名：＿＿＿＿＿＿＿＿　年齡：＿＿＿＿　性別：□女　□男

郵遞區號：□□□□□

地　　址：＿＿＿＿＿＿＿＿＿＿＿＿＿＿＿＿

聯絡電話：(日)＿＿＿＿＿＿＿＿(夜)＿＿＿＿＿＿＿＿

E-mail：＿＿＿＿＿＿＿＿＿＿＿＿＿＿＿＿